Ein Kaffee zum Mitholen, bitte!

Moselfränkisch lieben und verstehen lernen

Für Oliver & Sandra

Viel Lesespass!

Yvonne Treis

Ein Kaffee zum Mitholen, bitte!

Moselfränkisch lieben und verstehen lernen

Yvonne Treis

Das Gedicht auf S. 71 stammt aus dem Buch „Brauchtumslandschaft Eifel“, Band II, von Joachim Schröder (1997). Abdruck mit freundlicher Genehmigung des Autors.

Michel Verlag, Ottweiler
1. Auflage 2014
Originalausgabe

Autorin: Dr. Yvonne Treis
Layout: Chloé Bertron
Illustrationen: Kunstklasse unter der Leitung von Martin Richerzhagen, Stufe 9, Schuljahr 2013/14, IGS Zell/Mosel
Idee und Lektorat: Martin von Hohnhorst
Foto: Fotostudio Schnorbach, Zell-Kaimt

Druck: Ottweiler Druckerei und Verlag GmbH, Ottweiler

ISBN: 978-3-938381-47-2

Bibliografische Information der Deutschen Nationalbibliothek:
Die Deutsche Nationalbibliothek verzeichnet diese Publikation in der Deutschen Nationalbibliografie; detaillierte bibliografische Daten sind im Internet über http://dnb.de abrufbar.

Meiner Großmutter Wilma Brixius gewidmet

Inhaltsverzeichnis

Moselfränkisch:

EINE LIEBESERKLÄRUNG AN DEN DIALEKT

Sprache ist etwas Wunderbares – und sich mit Sprache zu beschäftigen, ist alles andere als staubtrocken, sondern macht Spaß! Beides zu vermitteln, ist das Ziel dieses Buches.

Wunderbar ist unsere Sprache schon aufgrund ihrer Vielfalt. Es gibt nicht „das" Deutsche, sondern eine Fülle von Mundarten. So vielfältig wie die Regionen und Menschen in Deutschland sind, so vielfältig sind auch ihre Dialekte. Sie alle leisten sich grammatische Besonderheiten, die das Hochdeutsche nicht kennt. Und natürlich haben Dialekte ihren eigenen Wortschatz und ihre eigene typische Aussprache, die ihnen ihre ganz besondere Würze geben.

Unsere Mosel hat den Mundarten, die zu ihrer Rechten und Linken gesprochen werden, ihren Namen gegeben: Moselfränkisch. Damit bezeichnen Sprachforscher die Dialektregion des Deutschen, die sich entlang der Mosel, aber auch über den Hunsrück, die Eifel, das nördliche Saarland und Luxemburg bis in den Westerwald und das Siegerland erstreckt. Selbst in einigen der deutschsprachigen Gemeinden Ostbelgiens wird Moselfränkisch gesprochen.

Nun war das Moselfränkisch, das noch unsere Großeltern sprachen, ein anderes als das, was wir heute verwenden. Radio und Fernsehen, aber auch Eisenbahn, Auto und Flugzeug haben unsere Mundart ganz schön verändert. Wir sind heute viel mobiler als unsere Vorfahren; wir hören und lesen viel mehr Hochdeutsch. All das beeinflusst unsere Sprache. Kein Wunder also, dass die ältere Generation zuweilen klagt, dass alte Wörter, die früher noch jeder kannte, verschwunden sind.

Entstanden ist dieses Buch aus einer Unterhaltung heraus, die sich bei einem Spaziergang durch die Weinberge an der Mittelmosel ergab. Aus dem Plaudern über das „Platt“ entwickelte sich ein Staunen, ja Schwärmen über die Merkwürdigkeiten der Mundarten, die an der Mosel, in der Eifel und auf dem Hunsrück gesprochen werden. Entdeckerfreude kam auf. Daraus entstand die Idee, diese liebenswerten Eigenarten festzuhalten, und zwar mit Druckerschwärze. Die Rhein-Zeitung war dankenswerterweise bereit, mir Woche für Woche in der Zeitung ein Plätzchen frei zu machen. Etwas später reservierte auch der Trierische Volksfreund regelmäßig eine Zeitungsspalte für meine Artikel. Unsere Mundart, das Moselfränkische, bekam so ein Zuhause in der Regionalzeitung.

Mundart macht munter – auf diese Formel könnte man die Reaktionen bringen, die diese Serie auslöste. Nach fast jeder Folge meldeten sich Leserinnen und Leser und schleppten interessante Fundstücke aus dem großen Sprachschatz der Umgangssprache an – willkommener Rohstoff für weitere Folgen. So sammelten sich allmählich die Texte an, die die Grundlage für dieses Buch bilden. Zeitungsartikel sind üblicherweise kurz. Eine Beschränkung, die für Bücher nicht gilt. Diese Freiheit habe ich genutzt, die ursprünglichen Texte etwas zu erweitern und neu zu ordnen. So konnte ich auch das Sprachmaterial unterbringen, auf das ich in Leserbriefen aufmerksam gemacht worden bin.

Wir alle stehen auf den Schultern von Riesen. Gerade die Geisteswissenschaftler leben von dem Geist und dem Fleiß, mit denen Generationen von Wissenschaftlern Material über Material gesammelt, geordnet und aufgeschrieben haben. So entstanden Sprachatlanten und andere Werke, die die Vielgestaltigkeit unserer deutschen Sprache und ihrer Dialekte festhalten. Solche Bücher sind wie Gefrierschränke: Sie frieren Wortschatz und Grammatik in einer bestimmten Region zu einer bestimmten Zeit ein. Ohne diese wohlgefüllte Gefriertruhe wäre dieses Büchlein nicht möglich gewesen.

Dieses Buch möchte kein nostalgisches oder melancholisches Buch sein. Es stimmt zwar, dass mundartliche Wörter in unserer Sprache verloren gehen und dass die Zahl der Personen, die den Dialekt beherrschen, stark zurückgegangen ist. Aber viele regionale Besonderheiten leben in unserer Alltagssprache weiter. Sie tun das oft, ohne dass uns das bewusst wird. Im Supermarkt oder der Kneipe – die bei uns ja „Wirtschaft" heißt – hören wir meist ziemlich schnell, aus welcher Region jemand kommt. Ob Einheimischer oder Zugezogener – unsere Umgangssprache hat so viele Besonderheiten, dass die meisten von uns nur genau hinzuhören brauchen, um rauszukriegen, ob dieser oder jener Schnabel an der Mosel oder sonst wo gewachsen ist. Trotz Mobilität und Massenmedien gilt, dass in kaum einer Familie in unserer Gegend „perfektes" Hochdeutsch gesprochen wird. Was wir tagtäglich hören, ist eine Mischsprache, die irgendwo zwischen dem Platt unserer Großeltern und dem Standarddeutsch der Medien liegt. Das Moselfränkische stirbt also nicht aus. Aber es verändert sich stetig, so wie andere Sprachen dies ja auch tun.

Das Typische, die Besonderheiten, ja, man kann ruhig sagen, die liebenswerten Macken des Moselfränkischen sind das Thema dieses Buches. Dabei geht es um Fragen wie: Wodurch verraten sich die Moselfranken, wenn sie versuchen, perfektes Hochdeutsch zu sprechen? Welche Besonderheiten im Wortschatz, in der Grammatik und in der Aussprache hat unsere Alltagssprache? Dieses Buch greift also Typisches, aber auch

Kurioses und Merkwürdiges im Moselfränkischen auf.

Ein paar Beispiele gefällig? Wir essen „Mausohr“ statt „Feldsalat“, wir „schännen“ statt zu schimpfen, wir ärgern uns, wenn der „Kännel“ (Regenrinne) verstopft ist und werfen, wenn wir einen Apfel aufgegessen haben, den „Krotz“ weg. Die wenigsten Leute schmieren sich ein „Butterbrot“, sondern machen sich eine „Schmeer“. Und die „nehmen“ sie dann nicht etwa mit auf die Arbeit – nein, sie „holen“ die Schmeer mit, wenn sie „schaffen“ gehen. Gerade der Dialekt bietet viele spezielle Ausdrücke, die unserer Alltagssprache Saft und Kraft geben.

Auch in der Grammatik gibt es Besonderheiten, die sich wacker gegen den Angriff der Hochsprache verteidigen. Artikel vor Personennamen (der Jupp hat angerufen), Vergleiche mit „wie“ statt „als“ (Ich bin größer wie du) und ungewöhnliche Besitzausdrücke (dem sein Frau) finden sich deshalb nicht nur im Platt der älteren

Generation, sondern bei allen Sprechern moselfränkischer Zunge.

Für viele von uns gehört unser Dialekt – den wir gerne „oas Platt“ nennen – zu dem, was Heimat ausmacht. Von der „Heimat auf der Zunge“ hat einmal jemand gesprochen. Das trifft es: So wie die Weinberge an der Mosel, die weiten, waldbedeckten Höhen des Hunsrücks oder die Vulkankuppen der Eifel vermittelt auch unser Dialekt etwas Heimatliches. Dies wird vielen Menschen erst in den letzten Jahren so richtig bewusst. Und so gewinnt das Platt paradoxerweise gerade jetzt, wo es sich schon recht weit an das Hochdeutsche angenähert hat, wieder an Wertschätzung. Eine Leserin aus Bad Salzig schrieb mir: „Ich habe in meiner Ausbildung zur Krankenschwester eine Ermahnung bekommen, weil ich Platt geschwätzt habe. Und weil ich damals noch nicht volljährig war, sind sogar meine Eltern informiert worden. Das war 1978, heute sind die Patienten froh, wenn wir mit ihnen Platt schwätzen!“

Jeder braucht ein sprachliches Zuhause, wo er sich wohl fühlt. Für mich ist das St. Aldegund an der Mosel, wo ich geboren und aufgewachsen bin. Aber egal, ob Sie einheimisch, zugezogen oder zu Gast in unserer Region sind, und egal wie es um Ihre Sprachkenntnisse bestellt ist: Dieses Buch lädt Sie dazu ein, das Besondere und die Eigenheiten des Moselfränkischen zu entdecken. Machen Sie mit mir einen dialektalen Streifzug entlang der Mosel und über die Höhen von Hunsrück und Eifel. Ich wünsche mir, dass Ihnen diese Reise mit ihren Entdeckungen viel Spaß bereitet. Und zwar mindestens so viel Spaß, wie mir das Schreiben dieses Buches gemacht hat!

P.S.: Übrigens, der Titel dieses Buches hat es in sich. Wenn Sie wissen wollen warum, dann arbeiten Sie die Lektionen 3 und 39 durch.

Lektion 1

AN WEIHNACHTEN HAT MICH EINE KRIPPE ERWISCHT

Haben Sie sich in Ihrem letzten Urlaub bemüht, schönstes Hochdeutsch zu sprechen, und man hat trotzdem sofort erkannt, aus welcher Gegend Sie kommen? Dann liegt das vielleicht an dem moselfränkischen „krauplau-Phänomen", das den meisten von uns Muttersprachlern gar nicht bewusst ist. Folgendes ist damit gemeint: In unserer Region machen wir manchmal aus einem weichen „d" ein hartes „t" und aus einem weichen „g" ein hartes „k". Egal ob wir Dialekt sprechen oder ein moselanisches Hochdeutsch. Immer wenn sich am Wortanfang hinter einem weichen Mitlaut (d, g, b, w) ein „r" oder „l" einschiebt, verhärtet sich der erste Laut. So wird aus Hochdeutsch „blau“ in unserer Regionalsprache „plau“, aus „grau“ wird „krau“, aus „Dreck“ wird „Treck“, aus „Globus“ wird „Klobus“ und aus „Wrack“ wird „Frack“. Sie „klauben“ mir das nicht? Dann liegt dies vielleicht daran, dass Sie die Schreibweise der Wörter verinnerlicht haben. Achten Sie doch einmal nur auf Ihre Aussprache. Oder fragen Sie Ihre zugezogenen Nachbarn oder Ihre Gäste.

Beweise für diese Lautverhärtung finden sich oft im Alltag, denn dort können Missverständnisse entstehen. Wenn sich eine gebürtige Cochem-Zellerin mit Nachnamen „Dreis“ über das Telefon Eintrittskarten zurücklegen lässt, kommt es vor, dass sie später an der Abendkasse ihre Karten unter dem Buchstaben „T“ wie „Treis“ eingeordnet findet. Warum? Weil ihr Name zwar mit „dr“ am Anfang geschrieben wird, aber von ihr mit hartem „tr“ ausgesprochen wird. Als „Prem-mer“, „Kreimersburger“, „Plankenrather“, „Kraacher“ oder Neumagen-„Throner“ haben Sie vielleicht bei der Angabe Ihres Ortsnamens schon Ähnliches erlebt. Nur mit viel Mühe schaffen es auf perfektes Hochdeutsch trainierte Moselaner, den Unterschied zwischen „Kriechen“ und „Griechen“ zu sprechen. Für die meisten von uns ist beides „Kriechen“ mit einem harten Anlaut – auch wenn wir beim Schreiben keine Fehler machen. Aber „krämen“ Sie sich jetzt nicht! Dies ist kein Defizit, sondern eine sympathische Besonderheit der (Aus-)sprache unserer Region. Wir teilen dieses Merkmal auch mit Menschen außerhalb unseres Kreises (oder muss ich „Greises“ schreiben, ich bin jetzt ganz verwirrt...!). Die ganze Mosel rauf, in der Eifel und im Saarland fängt man sich an Weihnachten bei nasskaltem Wetter deshalb eine „Krippe“ ein.

Lektion 2

EINE TRIEFENDE NASE KÜNDIGT DIE FRECK AN

Es kratzt mich im Hals, es „kriwwelt“ (juckt) mich in der Nase. Ich glaube, ich kriege die „Freck“, den „Pips“ oder die „Kränkt“. Oje, es wird doch wohl keine „Krippe“ im Anflug sein!? Ich habe die Feiertage im warmen Wohnzimmer neben dem Christbaum verbracht. Da frage ich mich, wo ich mich wohl „verkaalt“ (verkältet) haben könnte.

In unseren Mundarten haben wir wirklich keinen Mangel an Erkältungsvokabular – man könnte fast meinen, es gäbe keine anderen ernst zu nehmenden Krankheiten. Auch wenn wir uns manchmal ganz jämmerlich fühlen – eine Erkältung bringt uns kaum um. Trotzdem geht das Wort „Freck“ auf „verrecken“ oder – wie man bei uns sagt – „frecke“ zurück. Die Erkältung ist eine der häufigsten Krankheiten. Das sieht man daran, dass das allgemeine Wort „Kränkt“ (Krankheit) stellvertretend für sie benutzt werden kann.

Bei den Erkältungssymptomen stehen Schnupfen und triefende Nasen an erster Stelle. Wir kennen in unserer Region den „pf“-Laut nicht. Deshalb wandeln wir den Schnupfen im Dialekt in „Schnupp“, „Schnopp“ oder „Schnubbe“ um – genau wie wir das Pferd zum „Pääd“ und den Pfahl zum „Pòal“ machen.

Zu einer Erkältung gehört neben Schnupfen auch „Hoaste“ (Husten). Ist er besonders arg, heißt er in St. Aldegund „Kòaz“ (Kauz). Und ein trocken hustendes Kind „bollert“. Wie kann man da Abhilfe schaffen? Bei Husten „holt“ man Hustensaft ein und lutscht „Zuckerstäanscher“ (Zuckersteinchen) oder – wie man in anderen Dörfern sagt – „Gutzjer“ (Bonbons). So eine Erkältung kann einem auf die Stimme schlagen. Kriegt man keine „Stämm“ mehr heraus, ist man „häaser“ und man kann eigentlich nur noch „péspere“ (pispern), also nur noch flüsternd sein Leid klagen.

Wir Moselfranken fühlen keine Schmerzen. Nicht weil wir besonders abgehärtet wären. Nein, sondern weil wir nur die Wörter „Pein“ und „Weh“ kennen. Diese können abhängig von Ihrem Heimatdorf „Pien“, „Päin“ oder „Pain“ und „Wieh“ oder „Weh“ ausgesprochen werden. Wenn einem St. Aldegunder der Schädel brummt, hat er „Kopppien“. „Zännpien“ treibt uns zum Zahnarzt. Und unser „Réckepien“ ist in diesen Tagen vermutlich der zu weichen Couch geschuldet. Im Hals jedoch haben wir keine Pein, sondern Weh, also „Halswieh“.

Das ist jetzt aber genug Gerede über Krankheiten! Ich fühle mich schon ganz „malaad“. Ich muss schleunigst los, um mir ein „Sackdooch“ (Taschentuch) zu besorgen. Ich kann das Niesen wirklich nicht mehr unterdrücken ... Hatschi! Als Antwort darauf hätte man früher übrigens nicht „Gesundheit“, sondern „Gott sään (segne) dich“ bekommen.

Lektion 3

EIN KAFFEE ZUM MITHOLEN, BITTE!

Haben Sie an Weihnachten wegen all der leckeren Plätzchen auch drei Kilo zugeholt? Und haben Sie sich an Neujahr vorgeholt, diese im Laufe der nächsten Wochen wieder abzuholen? Wenn Ihnen diese Fragen merkwürdig vorkommen, sind Sie entweder an Weihnachten essenstechnisch sehr diszipliniert gewesen und schlank geblieben. Oder Sie sind ein Zugezogener an der Mosel und runzeln die Stirn über die Verwendung des Verbs „holen“.

Im Hochdeutschen wird ein Unterschied zwischen „nehmen“ und „holen“ gemacht. Dinge in greifbarer Nähe werden genommen. Beispiel: Ich nehme das Marmeladenglas vom Regal. Das heißt: Ich stehe schon vor dem Regal. „Holen“ kann man nur entfernte Dinge, für die man sich an einen anderen Ort bewegen muss. Beispiel: Ich hole ein Glas Marmelade aus dem Keller. Im Moselfränkischen existiert keine direkte Entsprechung für das hochdeutsche Verb „nehmen“. Die Moselfranken „nehmen“ sich nichts, sie „holen“ sich nur.

Die Kleinsten holen ihren Sandkastenfreunden die Förmchen weg. Schulkinder holen morgens den Bus in die Schule. Früher holte man seinem Liebsten Mix-Kassetten auf. Feriengäste werden immer herzlich aufgeholt. Kranke holen regelmäßig ihre Tabletten ein. Ehrenämtler überholen gerne Verantwortung. Nachbarn holen freundlicherweise für einander Pakete an. Adoptieren Eltern ein Kind, dann holen sie es an. Großmütter holen beim Strümpfestricken gefallene Maschen wieder auf. Man versucht, das Leben zu holen, wie es kommt, aber wenn es ganz schlimm kommt, holt man sich gar das Leben.

Alle diese Ausdrücke erscheinen uns ganz normal, während sie für auswärtige Ohren bestenfalls ungewöhnlich, schlimmstenfalls unsinnig erscheinen. Insbesondere über unsere „Gewichtsabholung“ und „Gewichtszuholung“ werden im nicht-moselfränkischen Teil Deutschlands schon mal Witze gemacht. Machen wir uns nichts daraus und nehmen wir es sportlich! Die Moselfranken sind eben in manchen Bereichen der Sprache sparsamer und sie kommen da mit einem Verb aus, wo das Hochdeutsche zwei benötigt. Die Funktion des Verbs „nehmen“ wird in unserer Region gänzlich von „holen“ übernommen oder – richtiger gesagt – überholt. Eine der wenigen Ausnahmen ist nur „benehmen“. Das wird nicht „beholen“, sondern „sich schicken“!

Für mich ist das Holen-statt-nehmen eine liebenswerte Besonderheit des Moselfränkischen. Ich plädiere deshalb dafür, den Stehcafés unserer Heimat einen moselfränkischen Touch zu verleihen: Bieten Sie „Kaffee zum Mitholen“ an! Das hört sich viel einheimischer an als „Coffee to go“.

Zugegebenermaßen kann die Verbsparstrategie im Gespräch mit Auswärtigen zu Missverständnissen führen: Wenn beim Weinfest das Festzelt von der Aufsichtsbehörde „abgeholt“ wird, dann wird es nicht – wie Zugezogene erschrocken meinen – gleich wieder abgebaut und weggefahren. Es wird nur auf seine Sicherheit überprüft, also abgenommen.

Gründlich missverstanden wurde auch eine mir bekannte junge Frau aus dem Saarland, als sie im badischen Freiburg einen Arzttermin hatte. Am Empfang informierte sie die Sprechstundenhilfe: „Ich komme zum Blutabholen!“. Woraufhin diese zurückfragte: „Welches Blut denn?“ Nach einem Moment der Verwirrung verstand die Saarländerin, dass man sie für die Laborbotin hielt. Und sie korrigierte sich rasch: „Ich habe einen Termin zur Blutabnahme.“

Für manche von uns kostet es viel Mühe, „nehmen“ im Hochdeutschen an den richtigen Stellen zu verwenden. Sollten Sie dies ab heute trainieren, dann eine letzte Warnung: Passen Sie auf, dass Sie sich bei schlechtem Wetter keinen Schnupfen „nehmen“ – denn der wird selbst im Hochdeutschen „geholt“, auch wenn man dafür keine weiten Wege gehen muss.

Lektion 4

WIR TREFFEN UNS UM SECHS VOR DER KIRSCHE

Wenn ein Engländer im malerischen Beilstein nach den „Offnungsseiten“ einer „Sehenswurdigkeit“ fragt oder eine Französin in Bernkastel-Kues nach einem „Otelzimmer“ mit „Albpension“ sucht, fällt es uns sofort auf: Wer Deutsch nicht mit der Muttermilch aufgesogen hat, tut sich schwer mit manchen Lauten unserer Sprache. Doch nicht nur Ausländern, auch uns „eingeborenen“ Moselfranken stellt das Hochdeutsche manchmal ein Bein. Aber dies ist uns oft gar nicht bewusst – bis uns ein Zugezogener vorwirft, dass wir keinen Unterschied zwischen „Kirche“ und „Kirsche“ sprechen könnten!

In der Schule ging es Ihnen vielleicht so wie mir: Sie hatten Schwierigkeiten, sich in Diktaten zwischen „nördlich“ und „nördlisch“ zu entscheiden und wussten nicht, ob man ri(s)chtigerweise „frech“ oder „fresch“ schreibt und ob „Gechichte“ womöglich fal(s)ch ist. Machen Sie sich nichts daraus: Die meisten Rheinland-Pfälzer, aber auch die Saarländer und Hessen, hatten im Deutschunterricht dasselbe Problem. Wir haben eine gute Ausrede: In unseren Mundarten machen wir keinen Unterschied zwischen „ch“ und „sch“. Und das weder beim Hören noch beim Sprechen. Wenn Sie nicht gerade in einem überfüllten Zug oder in einem Wartezimmer sitzen, können Sie sich nun durch lautes Vorlesen bewusst machen, dass Sie die „Löcher“ in den Socken und den „Löscher“ der Feuerwehr genau gleich aussprechen. „Männchen“ und „Menschen“ unterscheiden wir nur in der Rechtschreibung. Die „Fichte“ wird von uns ausgesprochen wie er „fischte“, und ein kleiner „Wicht“ wie er „wischt“.

Der erwähnte Engländer in Beilstein kann kein „ö“ – und wir halt kein „ch“. Die Sprachwissenschaftler sind an dieser Stelle noch etwas genauer und fügen hinzu, dass wir bei genauer Betrachtung – pardon: genauem Hinhören – nur das weiche „ch“ wie „sch“ aussprechen, wenn davor ein „i“, „e“ oder Umlaut steht. Nach „a“, „o“ und „u“ wie in „Dach“, „doch“ und „Tuch“ sprechen wir es – wie in gutem Hochdeutsch – als harten Reibelaut fast im Rachen aus. Sie können sich gegenüber Zugezogenen also weiter verteidigen: „ch“ und „sch“ fallen nur teilweise in unserer Regionalsprache zusammen.

Und um es noch etwas interessanter zu machen: Vielerorts wird das „ch“ mancher Wörter auch wie „j“ ausgesprochen. So sagt man an der Mittelmosel zwar „Bäamsche“ für Bäumchen, „Streeschholzschäschtelsche“ für kleine Streichholzschachtel und „Plättsche“ für Verbandsgemeindemitteilungsblatt. Aber nach „f“,

„sch“ und „s“, wird aus der verkleinernden „-sche“-Endung plötzlich ein „-je“: „Féschje“ für Fischchen, „Schäifje“ für Scheibchen, „Séffje“ für einen kleinen Säufer und „Busje“ für einen VW-Bus. Darauf trinkt man jetzt am besten ein „Klääsje“ Riesling.

Am Ende noch eine Warnung: Mancher problembewusste Moselfranke, der zu besonderen Anlässen allerbestes Hochdeutsch sprechen will, schießt schon mal über das Ziel hinaus, und er benutzt überall ein „ch“ – auch dort, wo eigentlich ein „sch“ hin müsste. So bittet er dann – etwas überkandidelt – die Gäste an den „Tich“, weil der „Fich“ serviert ist.

Ich finde, wir sollten uns über unseren angeblichen Sprachfehler nicht zu sehr den Kopf zerbrechen. Im Alltag ergeben sich sowieso kaum Missverständnisse: Wenn wir uns mit einem Norddeutschen an der „Kirsche“ verabreden, dürfte diesem ohne viel Nachdenken klar sein, dass der Treffpunkt dort ist, wo die Glocken läuten.

Lektion 5

TRÄNDELN WAR GESTERN, AB SOFORT WIRD SICH GEDUMMELT

Nach jedem Neujahrstag sieht man sie laufen, die guten Vorsätze: Auf dem Moseluferweg und in den Wäldern nimmt dann die Zahl der Walker und Jogger trotz tristem Wetter sprunghaft zu. Auch im Fitnessstudio wird wieder mit Elan gesteppt, gepumpt und geradelt. Und im Sportverein wird bei Aerobic und Zumba zu Musik gehupst und geschwitzt. Der Eifer gilt dem Kampf gegen die zwei Ws, den Winter- und den Weihnachtsspeck.

Für mich ist das ein guter Anlass zu fragen, wie man sich eigentlich in unserer Mundart bewegt. So rein sprachlich gesehen. „Trändele", also Schlendern und Trödeln, war letztes Jahr, dieses Jahr müssen wir uns sputen, also „dummele" (tummeln), um unsere Kondition zu verbessern.

Die Wörter „schnell" und „zügig" sind in unserer Alltagssprache übrigens selten; bei uns geht's „flott" voran. Und während sich „hurtig" im Hochdeutschen sehr poetisch anhört, ist es für uns Dialektsprecher als „huddisch" (Mosel) oder „hoadisch" (Hunsrück) ein ganz gewöhnliches Wort. Manche Hunsrücker und die Saarländer raffen sich jetzt „dabber" (schnell) auf und kaufen sich schon mal neue Laufschuhe. Der guten Vorsätze wegen. In Ulmen und Umgebung macht man „sier" (schnell), wenn man sich sputet. Der Wörtchen ist übrigens mit Hochdeutsch „sehr" verwandt, hat aber in der Eifel seine Bedeutung geändert. Wir „gondele" ab jetzt nicht mehr mit dem Auto durch die Gegend, sondern gehen im neuen Jahr mehr zu Fuß und fahren Fahrrad. Zumindest solange es trocken bleibt. Und nicht allzu kalt ist. Und wir nicht zu viel zu tragen haben... Na ja, morgens ist man ja mal schnell zum Bäcker „gewätzt“ (gelaufen) statt gefahren.

Auch die Untrainierten müssen angesichts so viel sportlicher Energie nicht „stéfte gieh“ (stiften gehen), also sich ängstlich verdünnisieren. Es bleibt schließlich noch die Möglichkeit, regelmäßig spazieren zu gehen, um sich fit zu halten. Bei Spaziergängen im Wald kann man durchs Unterholz „strowwele“ (strampeln). Man „dastert“ (trampeln) durch die Gärten, „stiwwelt“ (stiefelt) ein bisschen durchs Dorf, „klabastert“ (bummelt) von Haus zu Haus und „fläatscht“ (latscht) durch die Geschäfte. Und nachts „schlippert“ (schleicht) man nicht mehr so oft zum Kühlschrank!

Nach so viel Bewegung bin ich ganz außer Puste. Ich habe mich wohl ein bisschen verausgabt. Ich mache erst einmal „dusma“ – von Französisch „doucement“ (langsam) – und „hutsche“ mich hin, um Luft zu schnappen. Für den Rest des Tages „wege“ ich mich erst einmal nicht mehr. Das Wort „hutsche“ oder – wie man auf dem Hunsrück sagt – „hucke“ ist zwar mit dem hochdeutschen „hocken“ verwandt, bedeutet bei uns aber einfach nur „sitzen“. Statt mit „sétz dich“ können wir einen Gast mit „hutsch dich“ auffordern, Platz zu nehmen. Dem hochdeutschen Wort „bewegen“ fehlt in unserer Region oft das anfängliche „be-“. Ist man nach allzu viel sportlicher Betätigung fix und fertig, „wääscht“ (wegt) man abends kein Ohr mehr. Deshalb heißt mein zweiter guter Vorsatz: Morgen wird erst einmal pausiert!

Lektion 6

WENN DIE OMA ALLMÄHLICH ALT GIBT

Eine Rückblende in meine Kindheit: Bei meiner Großmutter gab es feste Essensregeln: „Om zwöllef Uhr gét gäss." Und: „Die Täller gänn leer gäss." Ins Hochdeutsche übertragen mahnte sie also ihre Enkelchen: Die Teller „geben" leer gegessen. Diese Mahnungen meiner Großmutter lassen Sprachforscher aufhorchen: „Gét gäss" und „gänn gäss" sind hoch interessante Konstruktionen unseres Dialektes. Um zu verstehen, warum diese Ausdrücke so bemerkenswert sind, müssen wir erst einen Blick auf das Hochdeutsche werfen.

Aus dem Schulunterricht kennen Sie sicher noch die Unterscheidung in die Tätigkeitsform und die Leideform, auch Aktiv und Passiv genannt. Wenn die Kinder den Teller leer essen, so ist das ein Aktivsatz. Im Passiv heißt der gleiche Sachverhalt: „Die Teller werden leer gegessen." Das Passiv wird im Hochdeutschen also mit „werden" gebildet. Es mag erstaunen, aber in den meisten moselfränkischen Mundarten gibt es kein Verb „werden", weder im Passiv noch in sonstigen Sätzen! Falls Ihnen das bisher nicht bewusst war, hören Sie mal genau hin.

Da erzählt Ihnen Ihre Nachbarin: „Mäine Jung gét Koch". Oder sie greift sich an den schmerzenden Rücken und stöhnt „Maju, ech gänn alt". Der Nachbar von gegenüber berichtet: „Ech säin géster 80 gää". Das „gét", das „gänn" und das „gää" entsprechen zwar dem Hochdeutschen „wird", „werde" und „geworden". Wortwörtlich handelt es sich aber um „gibt", „gebe" und „gegeben"!

In der moselfränkischen Dialektregion leben sehr freigiebige Menschen, zumindest aus sprachlicher Sicht: Hier geben Tische zum Abendessen gedeckt, Wertstofftonnen geben dreiwöchentlich geleert, und unliebsame Gäste geben auf die Straße gesetzt.

Wir teilen die vielseitige Verwendung von „geben" mit anderen Mundarten entlang der Mosel und der Saar und in weiten Teilen der Eifel. Auch die Luxemburger sprechen so. Also mein Tipp an alle Freizeitsprachforscher: Wenn Sie demnächst überredet „geben", einen Ausflug nach Trier zu machen, bestehen Sie darauf, dass auf dem Weg das luxemburgische Radio gehört „gibt". Da hören Sie dann vielleicht in den Nachrichten: „D'Fleegeversécherung muss gréndlech reforméiert ginn." Die Übersetzung wird Ihnen sicher leicht fallen und Sie an Ihre eigene Mundart erinnern: Die Pflegeversicherung muss gründlich reformiert „geben".

Von den gut 6000 Sprachen der Welt ist kaum eine bekannt, die „geben" zur Passivbildung verwendet. Wir können also ruhig ein bisschen mit den besonderen Fähigkeiten des Verbs „geben" im Moselfränkischen angeben.

Lektion 7

MOSELFRANKEN NEHMEN GERNE NOCH EIN SCHEIBCHEN WURST DABEI

Als Eltern von kleinen Kindern werden Sie sicher öfters gefragt: „Darf ich noch ein bisschen bei meine Freundin spielen gehen?“ Wenn die Oma ihrem armen Enkelchen einen ungeliebten feuchten Schmatz auf die Backe drücken will, lockt sie: „Komm doch mal bei mich!“ Und beim Wochendeinkauf stellt die Verkäuferin an der Wursttheke die klassische Frage: „Kommt noch was dabei?“ Vermutlich kommen Ihnen diese Äußerungen ganz normal vor. Was ist denn schon dabei? Na ja, wenn man das Hochdeutsche zugrunde legt, ganz schön viel! Bei Deutschlehrern hat unsere Verwendung von „bei“ und „dabei“ einen wahren Fußnägel-Hochroll-Faktor.

Denn „bei“ wird im Hochdeutschen nur verwendet für den Ort, an dem man sich aufhält: „Ich bin bei dir.“ Das Ziel, zu dem sich jemand bewegt, wird jedoch nie mit „bei“, sondern mit „zu“ eingeleitet. Im Hochdeutschen können Sie also nicht „bei“ Ihre Freundin Sigrid gehen, sondern nur „zu“ ihr. Und zu Schwartenmagen und Dauerwurst kann Fleischwurst vielleicht noch „dazu“ kommen, aber nicht „dabei“.

Halten wir also fest: Unseren moselfränkischen Mundarten fehlt das „zu“, das das Ziel anzeigt. „Zu“ heißt bei uns höchstens „geschlossen“. Ehrlich gesagt: Wir kommen hervorragend ohne „zu“ aus! Wir gehen „bei“ den Bäcker. Wir fahren „in“ den Aldi – auch wenn wir nicht mit dem Auto ins Geschäft hineinfahren. Und wir lassen uns „auf“ den Bahnhof bringen – auch wenn der nicht auf einem Berg liegt. Unser mundartliches „bei“ ist vielseitig, man könnte auch sagen wechselhaft: Es antwortet auf die Frage „Wo?“ mit „Bei mir.“ Und auf die Frage „Wohin?“ mit „Bei mich.“

Ich fände es praktisch, wenn man im Hochdeutschen – wie im Moselfränkischen – nicht nur „bei mir“ sondern auch „bei mich“ sagen dürfte. Schließlich können im Hochdeutschen auch alle anderen Wörtchen, die Orte einleiten, von „mir“ und von „mich“ gefolgt werden – abhängig davon, ob es sich um einen Aufenthaltsort oder eine Richtung handelt. Testen Sie mal die folgenden Wörter: neben, auf, an, in, vor, hinter, unter, über und zwischen. Beispiel: Etwas ist „neben mir“. Und jemand kommt „neben mich“. Warum sollte dann „bei“ das einzige Wörtchen sein, bei dem „mich“ verboten ist? Fazit: Im Moselfränkischen ist die Verwendung von „bei“ viel logischer.

So, genug Grammatik für heute! Da ich gerade in Frankreich bin, hole ich mir jetzt bei meinen Frühstückskaffee noch ein ordentliches Croissant „dabei“. Womit wir auch schon beim nächsten Thema wären.

Lektion 8

SÜSSSCHMIERE UND SCHÖSSCHEN ZUM FRÜHSTÜCK

Wilkommen zum dialektalen Frühstück! Der Kaffee steht schon auf dem Tisch, was esse ich dazu? Ich öffne den Brotkasten und erstarre: Außer einem trockenen Stück „Flitt“ von vorgestern Abend und einem „Kieschtje“, das niemand wollte, nur gähnende Leere. Also schnell zum Bäcker geflitzt und zwei „Brietscher“ gekauft, außerdem ein „Schässje“ für die Mittagspause und ein „Däalsche“ für den Nachmittagskaffee. Zuhause ist noch ein Glas „Zuckerschmeer“ auf. Oder mache ich mir lieber ein Brötchen mit „Bäaredräack“?

Für Dialektforscher ist das Frühstück eine wahre Fundgrube für regionale Ausdrücke: Nehmen wir nur das Endstück vom Brot. Über ganz Deutschland verteilt gibt es dafür eine Unmenge an Bezeichnungen, und es macht Spaß, sich darüber zu unterhalten, wenn man mit Freunden und Bekannten in munterer Runde beisammen sitzt. Aus dem „Kieschtje“ (Krüstchen) wird dann nur einen Platz weiter ein Knäuschen, daraus dann ein Knäppchen oder beim Gegenüber ein Schäbbelchen.

Etwas weniger Variation gibt es in unserer Region beim Brötchen, das wir mit dem Hochdeutschen teilen. Doch schon ein bisschen moselaufwärts wird aus dem Brötchen ein Weck, in Berlin kommen bekanntlich Schrippen auf den Frühstückstisch und in Bayern Semmeln. Haben wir besonders viel Hunger, kaufen wir keine doppelten Brötchen oder – wie die Saarländer sagen – „Doppelweck“, sondern „Schässjer“ (Schösschen). Dieses Wort stößt außerhalb von Rheinland-Pfalz auf Unverständnis. Wenn es was Süßes für den Nachmittagskaffee sein soll, kaufen wir „Teilchen“, während die Saarländer „Kaffeestückchen“ bestellen – die es übrigens nur im Saarland gibt!

Beim Reinbeißen in meine „Schmeer“ (Schmiere) fällt mir ein, dass dieses Wort ja zwei Bedeutungen hat. „Schmeer“ ist erstens das geschmierte Brot und zweitens der Brotaufstrich. Was den Berlinern ihre „Stulle“ und den Sachsen ihre „Bemme“, ist den meisten Moselfranken ihre „Schmeer“. Die moselfränkische „Schmeer“ ist sogar eines der wenigen Wörter, die aus unserer Mundart in die Welt gewandert sind. Zusammen mit Hunsrücker Emigranten ist sie bis nach Südbrasilien gereist. Dort hat sie in der Schreibweise „Chimia“ als Übersetzung für Butterbrot und Marmelade Eingang in das regionale Portugiesisch gefunden.

Auf das moselfränkische Brot kommt „Süßschmiere“, „Zuckerschmiere“ oder einfach nur „Schmiere“, also Marmelade. Stopp, das stimmt jetzt nicht so ganz: Die Moselfranken in der Westeifel schmieren sich eigentümlicherweise „Gebääß“ (Gebeize) auf die Butter. Wirklich appetitlich klingt das für fremde Ohren nicht. Es schmeckt aber lecker, wenn man unter die Marmelade noch „Klatschkäse“ (Quark) schmiert.

Lektion 9

EIN KRAUT OHNE BLÄTTER UND STIELE

Heute Morgen beim Kaffeetrinken habe ich einen Moment nicht aufgepasst und – tropf! – waren Zeitung und Küchentisch mit Zuckerrübenkraut bekleckert. Mein Brot war einfach zu löchrig, viel zu dünn geschnitten und mit zu wenig abdichtender Butter bestrichen. Mein Großvater hätte so eine Brotscheibe wohl abwertend „Buunepläätsche“ (Bohnenblättchen) genannt. Der süße Aufstrich rann durch die Löchlein, und der Frühstückstisch klebte schließlich wie ein „Hunnischsaak“ (Honigsack).

Zuckerrübenkraut ist ein dunkelbrauner, fast schwarzer, zähflüssiger Sirup, der durch Einkochen von Zuckerrübensaft gewonnen wird. Er ist nicht nur einer meiner liebsten Brotaufstriche, sondern auch eines meiner Lieblingsdialektwörter. Beginnen wir unsere Dialektreise durch unsere Region mit dem einfachsten Fall: In Blankenrath nennt man den klebrigen Brotbelag einfach „Sirup“. In Briedern an der Mosel und in den angrenzenden Hunsrückdörfern nennt man ihn nach seiner Farbe „schwazze Schmeer“.

Von der schwarzen Schmiere ist es nicht mehr weit zur Schuhcreme (mehr das Aussehen als den Geschmack betreffend!). Deshalb heißt der Zuckerrübensirup in Bremm „Kländerwichs“, also: dick aufzutragende Schuhcreme. Ähnlich unappetitlich ist der Name in St. Aldegund: Hier spricht man von „Bääredräack“ (Bärendreck). Auch die Edigerer „Kòareschmeer“ (Karrenschmiere) und die Brauneberger „Wòònschmeer“

(Wagenschmiere) stellen eine sprachliche Verbindung zu wenig schmackhaften anderen Schmiermitteln her. Dass sich mit der schwarzen Farbe auch die Bezeichnung „Äisebonn“ (Eisenbahn) für das Zuckerrübenkraut in Briedel, Zell und Alf erklären lässt, kann man vermuten.

In der östlichen Eifel – so auch in Kaisersesch – heißt das Zuckerrübenkraut „Birrekraut“. Auf der anderen Moselseite im Hunsrück – beispielsweise in Zilshausen – spricht man ebenso von „Bierekraut“. In Bell bei Kastellaun heißt das „babbische“ (klebrige) Zeug „Berreschmeer“.

Der Name „Birnenkraut“ ist wohl ein Wort, das mancherorts für alle Arten von zähflüssigem Sirup verwendet wird, egal ob es hauptsächlich aus Zuckerrüben, Äpfeln oder Birnen gewonnen wird. Es ist ja auch so, dass Herkunft und Art der Rohstoffe umso rätselhafter werden, je länger das Ganze einkocht und immer dunkler und zäher wird.

Während man an der Mosel den Aufstrich nach seinem Aussehen benennt, ist nördlich und östlich von Wittlich eher die Aufstrichtechnik namensgebend. Von dort sind mir Namen bekannt, die sich auf das „Trillern“, also das Aufdrehen des Sirups aus dem Glas auf das Messer beziehen. Deshalb isst man in Oberscheidweiler „Trilala“ zum Frühstück.

Falls Ihnen noch nicht der Kopf schwirrt angesichts der sprachlichen Kreativität der Moselfranken, dann hier noch ein paar letzte Hinweise: In der westlichen Eifel um Bitburg verwendet man das jiddische Wort „Schlaachmundes“ für den Aufstrich. Und zum guten Schluss schmiert man sich im Saarland „Harz“ aufs Brot. Oder besser gesagt: „Fenner Harz“, denn das Rübenkraut wurde früher im Völklinger Stadtteil Fenne hergestellt und war im Saarland so bekannt wie Lyonerwurst und Grubenlampe.

Bis zum Schluss bleibt mir dagegen unerklärlich, warum ein flüssiger Brotbelag eigentlich „Kraut" heißt. Denn Kraut, also irgendwelche Blätter und Stiele, kommen doch überhaupt nicht in den klebrigen Brotbelag rein. Aber vielleicht haben Sie ja dafür eine Erklärung.

Lektion 10

VOR DER SCHLEUSE „WATT" – HINTER DER SCHLEUSE „BATT"

Die Mundarten im Kreis Cochem-Zell gehören alle zum moselfränkischen Sprachraum. Bei unseren Nachbarn im Rhein-Hunsrück-Kreis werden neben moselfränkischen Varianten im östlichen Teil des Kreises auch rheinfränkische Mundarten gesprochen. Vielleicht haben Sie schon einmal gehört, dass Sprachwissenschaftler zur Abgrenzung der beiden Sprachräume auf die sogenannte „datt/das"-Linie verweisen. Diese Sprachlinie verläuft von Völklingen/Saar aus in nordöstlicher Richtung über den Hunsrück nach Simmern und Sankt Goar, von dort dann weiter nach Limburg und Dillenburg in Hessen. Auf der östlichen, also rheinfränkischen Seite dieser Linie enden die Wörter „das", „was", „es" und „als" auf „s". Auf unserer westlichen, also moselfränkischen Seite sagt man stattdessen – mit einem „t" am Ende – „datt", „watt", „ett" und „alt".

Auch wenn die Moselfranken alle „datt" statt „das" sagen, gibt (oder gab) es natürlich innerhalb der moselfränkischen Mundarten noch viele kleine andere Unterschiede. Man ist fast versucht zu glauben, jedes Dorf hätte seine eigene Mundart. Unterschiedliche Wörter springen einem sofort ins Auge – oder eher: ins Ohr, wenn man sich im Nachbardorf aufhält. So ist beispielsweise der St. Aldegunder „Bürjermäaster" in Bremm schon ein „Schäffe" (Schöffe). Aber auch Unterschiede in der Aussprache finden sich schon über kleinste Distanzen hinweg.

Eine der merkwürdigsten Aussprachegrenzen befindet sich ungefähr auf der Höhe der Moselschleuse in St. Aldegund – wobei natürlich die Schleuse viel jüngeren Datums ist als der Sprachunterschied. In St. Aldegund, also vor der Schleuse, fragt man: „Watt?". Hinter der Schleuse ab Bremm moselabwärts erkundigt man sich jedoch: „Batt?"

„Batt" für „was" ist nicht nur an der Untermosel zu hören, sondern wir finden es in einer großen Region in der östlichen Eifel zwischen Untermosel, Rhein und Ahr. Und außer „batt?" sagt man dort in den meisten Dörfern auch „bie?" (wie), „bo?" (wo) und „ber?" (wer). In Ediger-Eller kann eine Mutter verärgert ihren „Jung" fragen: „Bo wòaste?" (Wo warst du?). In Cochem raunzt man jemanden, der unerwartet am falschen Ort auftaucht, an: „Batt machs dou dann häi?" (Was machst du denn hier?). Der Hambucher grübelt: „Be schafft me datt?" (Wie schafft man das?). Der Gevenicher erkundigt sich wie folgt nach dem Wohlergeben seines Gegenübers: „Bie jät et dir?" (Wie geht's dir?). Und ihr, liebe Auderather Leser, „batt mänt ihr?" (Was meint ihr?).

Glauben Sie jetzt nicht, dass Sie Untermoselanisch und Ost-Eiflerisch sprechen können, indem Sie einfach jedes „w" am Anfang in ein „b" ändern. Kurioserweise bezieht sich der „w/b"-Wechsel nur auf einige Fragewörter. Deshalb Vorsicht: „Wand" und „wild" werden auch in der Eifel oder an der Untermosel nicht zu „Band" und „Bild"!

Lektion 11

MAN SAGT OFT MEHR VERKEHRT, WIE MAN DENKT

Es liegt in der Natur des Menschen, Vergleiche anzustellen. Wir vergleichen Aussehen, Verhalten, Größen und Preise – und das Wörtchen „wie" ist dabei ein wichtiges Scharnier.

Unsere Mundarten bieten bemerkenswerte Vergleiche, um auszudrücken, dass etwas in besonderem Maße gilt. Ist ein Kind unverschämt, ist es nicht einfach nur frech, sondern frech wie der „Schapp" (Räude). Ist es sehr schmutzig, ist es schwarz wie ein Schuh. Sieht es seiner Mutter sehr ähnlich, gleicht es ihr wie „gespauzt" (gespuckt). Isst es schlecht, ist es dürr wie eine „Geiß" (Ziege). Fährt es das erste Mal ohne Stützräder Fahrrad, ist es stolz wie Oskar und strahlt wie ein Putzeimer. Hängt einer seiner Milchzähne nur noch am seidenen Faden und ist kurz vor dem Herausfallen, wackelt der wie ein Kuhschwanz. Hat das Kind schon mehrere Lutscher weggeschleckt, kleben seine Hände wie ein Honigsack. Und nach einem langen Tag auf den Beinen fällt es abends natürlich müde wie ein Hund ins Bett.

Während alle diese Redewendungen Gleichheit ausdrücken, liefert Ungleichheit oft noch mehr Gründe für lebhafte Gespräche. Es wurmt Sie vielleicht, dass die Kohlrabi Ihres Nachbarn dicker sind „wie" Ihre. Oder dass die Mittelmeer-Kreuzfahrt Ihrer Kollegin viel billiger war „wie" die, die Sie gebucht haben. Man könnte all dies psychologisch deuten. Aber wir sind hier nicht auf der Couch, sondern in einer Sprachwerkstatt. Deshalb werfen wir einen Blick auf die grammatischen

Besonderheiten dieser Äußerungen. Denn obwohl sie uns Moselfranken ganz gewöhnlich vorkommen, verbirgt sich in den beiden Vergleichen ein grammatischer Stolperstein: „dicker wie" und „billiger wie" – das geht im Hochdeutschen gar nicht! Es müsste korrekterweise „dicker als" und „billiger als" heißen. Natürlich gibt es auch im Hochdeutschen das Wörtchen „wie". Es wird aber nur benutzt, um Gleichheit auszudrücken: Mein Nachbar verdient genauso viel „wie" ich. Bei Ungleichheit muss jedoch „als" verwendet werden: Möglicherweise verdient mein Nachbar doch mehr „als" ich. Und eben nicht: „wie" ich – obwohl wir Moselfranken tagtäglich so sagen.

Halten wir fürs Erste fest: In unseren Mundarten ist „als" sehr selten. Wir mögen einfach das Wörtchen „wie" viel lieber. Und wir benutzen es nicht nur in Vergleichen – nein, es taucht bei uns auch auf, wenn wir über einen Zeitpunkt sprechen. Während in der Zeitung steht: „Als er das gehört hat", sagen wir in unserer Regionalsprache: „Wie er das gehört hat". Und aus dem zweifelnden „als ob" wird in unseren Mundarten „wie wenn". Wenn am Horizont dunkle Wolken über der Eifel aufziehen, sieht es aus, „wie wenn" es Regen gäbe.

In einem unvermuteten Eckchen findet sich das Wörtchen „als" dann doch noch zwischen Hunsrück und Eifel. Als „alt" dient es zum Ausdruck des zeitlichen „bisweilen": „Freer ässn alt kumme, awwer wäile schu lang nimi." Oder übersetzt: Früher ist er bisweilen gekommen, aber jetzt schon lange nicht mehr.

Sie kennen bestimmt den Spruch „Doppelt gemoppelt hält besser". Mancher Sprecher folgt dieser Devise und verstärkt das „wie" durch ein überkorrektes „als wie". Dabei darf eigentlich nur einer „als wie" sagen, und zwar Goethes Faust: „Da steh ich nun, ich armer Tor!, und bin so klug als wie zuvor." Ich wünsche mir, dass Sie jetzt nicht nur so gescheit sind wie zuvor, sondern hoffentlich – und jetzt kommt die Preisfrage! – noch ein kleines bisschen gescheiter „wie“ oder „als“ vor der Lektüre dieser Lektion?

Lektion 12

NICHT ALLE REGIONALWÖRTER MÜSSEN URALT SEIN: DAS STUBBI

Leben Sie sehr gesund und haben Sie dem Alkohol ganz entsagt? Dann sehen Sie mir bitte das Thema dieser Lektion nach: Es geht ums Bier. Oder vielmehr um eine bauchige Bierflasche mit einem kurzen Hals, die genau einen Drittel Liter fasst und besonders gerne bei Partys geleert wird. Richtig, es geht um das Stubbi. Doch was hat das Stubbi in einem Mundartbuch zu suchen? Nein, es war nicht mein Sohn, der mich zur Stubbiforschung inspiriert hat. Es war schlicht sprachwissenschaftliche Neugier, die mich bei der Stubbi-

Recherche um den halben Globus geführt hat. Erste Erkenntnis: Der Duden kennt keine Stubbis! Halten wir also ausdrücklich fest: „Stubbi“ ist ein Dialektwort. Verstanden wird es nur in Rheinland-Pfalz und im Saarland. Woanders mag man auch Bier mögen, aber „Ein Stubbi bitte!“ ruft dort nur fragende Blicke hervor. Bei uns jedoch erwartet man dann das bekannte Bier aus der Eifel, eine Pilsmarke aus dem Saarland oder aus einem kleinen Städtchen an der oberen Nahe (nur keine Schleichwerbung machen!).

„Stubbi“ ist ein schönes Beispiel für ein junges Regionalwort. Das Wort ist noch in seinen besten Jahren: Frühestens seit den 1950ern ist es bei uns heimisch. Doch wo kommt es her? Handfeste Beweise gibt es noch keine, aber hier ist meine These: Es ist über den Großen Teich zu uns rübergeschwappt. Als englisches Lehnwort ist es sozusagen der ältere Bruder von Smartphone, Cloud und App. Wahrscheinlich brachten die Amerikaner vor einigen Jahrzehnten das englische Wort „stubby“ – als Kurzform von „stubby bottle“ für „untersetzte Flasche“ – mit in die Eifel. Von den Eiflern wurde es rasch akzeptiert, denn es traf auf Dialektwörter, die sich ganz ähnlich anhörten und auch untersetzte Dinge bezeichnen, beispielsweise „Stuppe“ oder „Stuppes“ für kleine, gedrungene Personen oder Dinge. Von der Eifel aus hat sich das Wort für die knubbelige braune Flasche dann ausgebreitet.

Heute ist „Stubbi“ längst eingebürgert und als Lehnwort gar nicht mehr zu erkennen. Es hat sich lautlich und orthografisch perfekt in unsere Sprache integriert. Kurioserweise ist die griffige Flaschenform in den USA mittlerweile aus dem Leben verschwunden. In der englischsprachigen Welt kennt man die „stubby bottle“ nur noch in Australien. Wenn man in Melbourne ein „stubby“ bestellt, kommt tatsächlich ein Bier in einer bauchigen Flasche über den Tresen.

In Äthiopien sind Stubbis – auch wenn man sie nicht so nennt – die beliebteste Flaschenform. Auf dem Land sind sie sogar eine Maßeinheit für Milch. Wenn ich dort bei meinen Sprachforschungen einen Milchvertrag abschloss, füllte mir die Bäuerin täglich meine Milch aus dem Melktopf in eine Stubbiflasche und lieferte sie mir so nach Hause. Wie Sie sehen, habe ich knapp vor dem Ende dieser Lektion doch noch die Kurve zu einem gesunden Thema gekriegt.

Lektion 13

HALLO, HIER IST DIE JANA!

Wie bringt man junge Eltern auf die Palme? Ganz einfach: indem man die Namen ihrer Sprösslinge verkürzt oder falsch ausspricht! Meine Oma dagegen hatte noch den Mut zu sprachlicher Unkorrektheit und nannte ihren Mann Baptist „Baddist", die Nachbarinnen Barbara „Bäbbi" und Gertrud „Gäatt", die Postfrau Josefine „Fiinsche" und den Jakob „Jääp". Und Georg war natürlich „dä Schosch". Solche Umbenennungen führen heute zu Stirnrunzeln oder enden gar in einem handfesten Familienkrach.

Ein anderes mundartliches Merkmal hat sich aber in unsere Regionalsprache herüberretten können. „Schosch" mag heute weniger gebräuchlich sein als früher, doch das „der" steht auch dem „Georg" weiterhin zur Seite. Anders als im Hochdeutschen werden in weiten Teilen West- und Süddeutschlands – und eben auch bei uns – die Artikel nicht nur mit Hauptwörtern, sondern auch mit Personennamen verwendet.

So weit, so einfach. Jedenfalls bei den Männern. Dort gebrauchen wir vor Namen einfach „der". Bei den Frauen wird's komplizierter (sagen Sie jetzt nicht: Dachte ich mir doch!). Tauchen wir ganz tief in den Dialekt ein, dann heißt es: „Dat Daniela hott òògeroof." Im regional gefärbten Hochdeutsch sagt man jedoch: „Die Daniela hat angerufen." „Die" wird im tiefen Dialekt nur verwendet, wenn von einer weiblichen Respektsperson die Rede ist: „Ech honn géster die Frau Dr. Müller getróff."

Hochdeutschsprecher und Feministinnen schütteln oft den Kopf, wenn wir für Frauen „das“, also den sächlichen Artikel, verwenden. Doch dieses „das“ ist keinesfalls frauenfeindlich. Es ist schlicht eine grammatische Vereinbarung unserer Mundarten. Der Artikel „das“ macht Frauen genauso wenig sächlich wie der maskuline Artikel „der“ einen Tisch männlich macht. Im Hochdeutschen ist schließlich auch „das“ Mädchen weiblich. Und „die“ Person, „das“ Mitglied und „der“ Mensch sind unabhängig von ihrem Artikel für beide Geschlechter verwendbar.

Vornamen ohne Artikel hört man zwischen Eifel und Hunsrück nur, wenn jemand gerufen wird. Der Gebrauch von „der“, „die“ und „das“ ist also in unseren Mundarten weiter verbreitet als im Hochdeutschen.

Aber halt! In einer anderen Lebenssphäre ist uns das Hochdeutsche einen Schritt voraus. Seit einiger Zeit setzen die Reporter bei Fußballübertragungen gerne das Wörtchen „ein“, also den unbestimmten Artikel, vor Sportlernamen. Und das so oft, dass man „ein“ fast als Fußballartikel bezeichnen möchte. Das klingt dann so: „Wenn ein Boateng auf einen Messi trifft, ist für Spannung gesorgt“ – oder Deutschland ist mal wieder Weltmeister geworden.

Lektion 14

DER WILDE VOKALTANZ DER SÜSSEN FRÜCHTCHEN

Jedes Jahr kann ich es kaum erwarten, dass die Beeren reif werden. Die erste Erdbeermarmelade und das erste Himbeermüsli sind immer ein Gedicht. Die süßen Früchtchen schmecken jedoch nicht nur köstlich; sie sind auch ein wundervolles Studienobjekt für die Mundartforschung.

Beginnen wir die Untersuchungen im Kreis Cochem-Zell und im Rhein-Hunsrück-Kreis mit der beliebtesten Beere, der Erdbeere. Lassen Sie sich nicht von dem Gedanken an ein leckeres „Bödenchen“ ablenken – erst einmal volle Konzentration auf die Sprache! Die Wörter für Erdbeeren unterscheiden sich wenig von Dorf zu Dorf. Sie heißen eigentlich überall „Ärbere“ oder „Ärbele“. Diese roten Früchtchen sind so gesehen für Mundartforscher eher langweilig. Nur jenseits der Kreisgrenzen in der Gegend von Bernkastel finden wir noch einige besondere Erdbeernamen, die romanischen Ursprungs sind, so beispielsweise „Frääje“ in Zeltingen und „Frääjeln“ in Brauneberg, die mit den französischen Erdbeeren (fraises) verwandt sind.

Die Himbeere hat schon mehr zu bieten als die Erdbeere. Das „H“ am Wortanfang sparen wir uns meist, und danach tanzen die Vokale so richtig um die Wette: Die Himbeeren hören in Ellenz auf „Ämbere“ und in Illerich auf „Ämpele“. Anderswo heißen sie „Umbere“ (Weiler) oder „Ompere“ (Gillenbeuren). Damit nicht genug: Das ein oder andere Dorf sagt zu den köstlichen Beeren ganz einfach „Imbere“.

Diesen Vokaltanz können wir auch bei den Brombeeren beobachten. So werden in St. Aldegund „Pròòmere“ gepflückt, in Büchel „Präämele“ und in Kirchberg „Präämere“. Aus denen werden andernorts „Preemele“ (Gamlen) und „Praamele“ (Morshausen). Da fehlt eigentlich nur noch „Priimele“ – ach nein, das sind ja Schlüsselblumen. In der Bernkasteler Gegend finden wir wiederum französische Verwandte: Die Zeltinger „Mòòre“ und die Brauneberger „Mären“ verweisen auf die französischen Brombeeren (mûres).

Einem ähnlichen Wechselspiel der Vokale wie die Brombeeren unterliegen die Stachelbeeren. Und zwar schon auf dem Weg von St. Aldegund („Krischele“) nach Zell-Kaimt („Kruschele“). Anderswo zwängt sich noch ein zusätzliches „n“ in die Wortmitte. So bekommen wir „Krienschele“ in Cochem, „Krinschele“ in Mörsdorf, „Kreenschele“ in Krastel und „Kränschele“ in Kirchberg. Mit der hochdeutschen „Stachelbeere“

haben diese Mundartwörter nichts mehr gemeinsam. Das liegt daran, dass „Krischel“ mit dem französischen Wort „groseille“ für Stachel- und Johannisbeere verwandt ist.

Die sprachlich faszinierendsten Beeren sind eindeutig die Johannisbeeren. An der Mosel und auf dem Hunsrück kommen sie noch ganz unspektakulär als verkappte Trauben, also als „Gehannstrouwen“, daher. Aber sobald man in die Eifel kommt, begegnen einem die eigenwilligsten Wörter. Die Beurener ernten „Maduune“, die Gillenbeurener „Hansmadoune“ und die Müllenbacher „Hansmertrauwen“. Die Krone der Johannisbeerenwörter gebührt jedoch den Illericher „Hanschlingele“!

Warum, so habe ich mich gefragt, gibt es dort eigentlich keine Johannisbeerkönigin? Die Auserwählte könnte sich dann mit dem Titel „Hanschlingele-Königin“ schmücken – und höchste Aufmerksamkeit wäre ihr unter den Weinmajestäten der Region gewiss.

Lektion 15

ZU VERKAUFEN: UNSRER OMA IHR KLEINES HÄUSCHEN

Vor ein paar Tagen hörte ich auf der Straße: „Dem Jääp se Hoos äss óch on Hollänner verkauf gää". Also: „Dem Jakob sein Haus ist auch an Holländer verkauft worden". Es wäre natürlich spannend zu recherchieren, warum immer mehr Häuser in unseren Dorfkernen an der Mosel, in der Eifel und im Hunsrück in den Besitz von Ruhrpottlern, Holländern und Engländern übergehen. Doch da dies ein Sprachbuch ist, überlasse ich diese Recherche denjenigen, die mehr von Wirtschaft verstehen als ich. Ich werfe lieber einen Blick auf die Grammatik, und zwar auf den Besitzausdruck „dem Jakob sein Haus". Uns Sprechern mit Dialekthintergrund geht das ganz selbstverständlich über die Lippen. Deutschlehrern sind solche „falschen" Sätze jedoch ein Graus!

Im Hochdeutschen drückt man Besitzverhältnisse auf dreierlei Art aus. Kennt man den Eigentümer namentlich, dann hängt man ein „s" an ihn dran, also „Jakobs Haus". Wird der Besitzer durch ein Hauptwort bezeichnet, so setzt man ihn hinter den Besitz, und zwar im Genitiv. Klingt kompliziert, wird aber am Beispiel leicht verständlich: „das Haus der Nachbarin". In unserer Alltagssprache erscheinen diese Ausdrücke aber etwas überkandidelt, und wir verwenden sie höchstens beim Schreiben. Näher liegt uns die dritte hochdeutsche Möglichkeit mit „von", also: „Das Haus von dem Jakob" stand leer, weil er ins Altenheim musste. Am allerliebsten sind uns eindeutig die „dem sein"-Ausdrücke.

So parkt der Jupp mal wieder falsch vor „dem Michel seiner Garage“ oder vor „der Nachbarsfrau ihrem Gartentörchen“. Hm, was der wohl bei ihr macht?

Die „dem sein“-Ausdrücke sind grammatikalisch ziemlich anspruchsvoll. Der Besitzer muss einerseits vorneweg mit dem Artikel stehen (dem Michel, der Frau) und dann noch ein zweites Mal mit dem Fürwort „sein“ oder „ihr“ aufgegriffen werden. Bei weiblichen Vornamen kommt dazu, dass sie bei uns immer sächlich sind (das Doris). Deshalb heißt es nicht „der Doris ihre Tochter“, sondern „dem Doris sein Mädsche“. Und „dem Doris seinem Mädsche sein Fahrrad“. Warum es „Mädsche“ und nicht „Tochter“ heißt, erfahren Sie in der nächsten Lektion.

Wenn Ihnen noch nicht der Kopf schwirrt, dann noch etwas Bemerkenswertes: Ist Ihnen schon einmal aufgefallen, dass wir zwar ganz kurz „meine Schmeer" und „dein Teilchen" sagen, aber „dem sein Frühstück" und „der ihr Mittagessen"? Alles was nicht meins oder deins ist, braucht bei uns noch einen Artikel (dem, der) vorweg.

Selbst wenn Sie die moselfränkischen Besitzausdrücke nur schwer ablegen können, annoncieren Sie bitte lieber nicht Ihrer Oma ihr kleines Häuschen. Wenn überhaupt, dann das Häuschen Ihrer Oma. Aber überlegen Sie vorher noch einmal, ob Sie es nicht doch in eine nette Ferienwohnung umwandeln wollen...

Lektion 16

WENN FÜR SOHN UND TOCHTER DIE WORTE FEHLEN

Wenn früher jemand meinen Vater wegen eines elektrischen Problems suchte, gab ich als Kind bereitwillig Auskunft: Er ist gerade bei der „Tant Maria" die Neonröhre wechseln. Oder beim „Unkel Gerd" die Waschmaschine reparieren. Und wenn Besuch kam, wurden wir als Knirpse von unseren Eltern ermuntert: „Komm, sei lieb, gib dem Onkel und der Tante ein Händchen!" Bis vor ungefähr zwanzig Jahren war es auf unseren Dörfern durchaus üblich, dass Kinder alle Erwachsenen mit „Unkel" (Onkel) oder „Tant" (Tante) ansprachen. Ganz egal, ob es sich um echte Verwandte handelte oder einfach nur um Personen aus der Generation der Eltern und Großeltern. Heutzutage, wo die

Alten immer jünger werden, macht man sich mit der Anrede „Tant Gisela“ und „Unkel Helmut“ im Freundeskreis der Eltern nicht gerade beliebt. Und ganz ehrlich: Wenn mich meine Neffen „Tant Yvonne“ nennen würden, würde ich beim ersten Mal gehörig zusammenzucken.

Für den Patenonkel und die Patentante haben sich im Moselfränkischen zwei handliche, weil kurze Namen erhalten: „Geet“ und „Pätter“. In dieser oder ähnlicher Aussprache finden sich die Bezeichnungen in den Dörfern unserer Region.

Auch ansonsten hat das moselfränkische Abc der Verwandtschaft Interessantes zu bieten. Da gibt es beispielsweise eine merkwürdige Lücke. Uns fehlen buchstäblich die Worte für unsere direkten Nachkommen! Hören Sie einmal bei den Gesprächen in Ihrer Nachbarschaft genauer hin. Erzählt da nicht jemand, dass „dem Gertrud seine Jung“ gerade das Abitur bestanden hat? Und dass „dem Werner sein Mädsche“ demnächst nach Köln studieren geht? Von Tochter und Sohn ist da zwar die Rede, doch unsere Dialekte kennen diese Wörter nicht. Anders ausgedrückt: Wir machen keinen Unterschied zwischen „Mädchen“ und „Tochter“ und zwischen „Junge“ und „Sohn“. Das macht aber nichts – wir verstehen uns trotzdem prächtig.

Vielleicht sagen Sie jetzt: Moment mal, „Tochter“ und „Sohn“ mag uns fehlen, aber es gibt doch in unserer Alltagssprache „Schwiegertochter“ und „Schwiegersohn“! Stimmt, aber diese Begriffe sind sprachhistorisch noch relativ jung. Zu Zeiten unserer Urgroßeltern wurde die Frau des Sohns noch als „Schnur“ und der Mann der Tochter als „Äarem“ oder „Eedem“ bezeichnet. Beide Wörter habe ich selbst nie gehört. Ich habe sie in alten Wörterbüchern entdeckt. Sie sind ein schöner Beleg dafür, dass unsere Dialekte schon lange im Wandel sind – und dabei manches Wort auf der Strecke bleibt.

Lektion 17

UNBEUGSAME HUNSRÜCKER VERTEIDIGEN DAS „L"

Beim Dialektstudium entsteht manchmal der Eindruck, dass einige Mundarten bestimmte Laute ganz besonders mögen und besonders oft verwenden, andere Laute aber aus unbekannten Gründen vermeiden. An der Mosel von Treis-Karden bis Pünderich hat man beispielsweise eine unerklärliche Vorliebe für das „R" in der Wortmitte. Das „R" ersetzt dort das hochdeutsche „D".

So wird in St. Aldegund das Luder zum „Loarer", die Feder zur „Färrer", die Kleider zu „Kläarer" und zufrieden zu „zefrirre". Zudem ersetzt das „R" viele hochdeutsche „T"-s, so bei „Gewirrer" (Gewitter), „bärre" (beten) und „ròare" (raten).

Den Eiflern unter den Lesern wird diese Vorliebe für das „R" gewöhnungsbedürftig vorkommen. Denn dort ist der „Bruder" ein „Broder" mit einem schönen „D" in der Wortmitte! Genauso spricht man ein ordentliches „D" in „Bodem" (Boden). Und der Eifler geht „kroude" statt – wie wir Moselaner – „kroure" (Unkraut jäten).

Die Hunsrücker teilen jedoch unsere Zuneigung. Auch der ganze Hunsrück macht „D" im Wortinnern zu „R". Moment – der ganze Hunsrück? Nein! Ein von unbeugsamen Hunsrückern bevölkerter Berg – der Strimmiger Berg – hört nicht auf, die Aussprache mit „L" gegen den Ansturm des Hochdeutschen zu verteidigen.

Als Außenstehender wundert man sich dort „willer" und „willer" (wieder) über die vielen „L"-s in der Aussprache. Donnert es, zieht in Altstrimmig ein „Gewiller"

(Gewitter) heran. Im Herbst fallen die „Bläller“ (Blätter) von den Bäumen. Im Winter fährt man „Schlille“ (Schlitten) und freut sich über „jele Sunnestrahl“ (jeden Sonnenstrahl), den man in der dunklen Jahreszeit genießen kann, „oller“ (oder) etwa net?

Jetzt sagen Sie als Nicht-Strimmiger aber bloß nicht: Was fällt denen denn ein, einfach so aus „D“ und „T“ ein „L“ zu machen? Denn wenn wir uns ein bisschen umschauen, finden wir das „L“ auch in anderen Dörfern der Region an einer unvermuteten Stelle: Aus dem hochdeutschen Zeigewort „da“ für entfernte Dinge machen wir nicht etwa „dòò“, sondern „lòò“! Und das Zeigewort „hier“ für etwas in unserer Nähe machen wir zu „lee“ oder mancherorts „läi“.

Übrigens – ist Ihnen schon einmal aufgefallen, dass uns die Wörtchen „dieses“ und „jenes“ in unserer Alltagssprache fehlen? Dieser Sprachlücke begegnen wir mit einer ganz praktischen Idee. Wir nehmen kurzerhand die eben erwähnten Zeigewörter „lee“ und „lòò“ und kleben die Artikel „dä“, „die“ und „dat“ dran. So sagen wir „leedat“ und „lòòdat“, also wörtlich übersetzt „hierdas“ und „dadas“ für „dieses“ und „jenes“.

„Leedie“ Lektion ist nun zu Ende gelesen, und Sie können mit „lòòdär“ auf der nächsten Seite weitermachen!

Lektion 18

IN DER VERGANGENHEIT MÖGEN ES DIE MOSELFRANKEN UNREGELMÄSSIG

In unserer Alltagssprache sind die Wörter meist etwas kürzer als im Hochdeutschen. Die unbetonten Endungen werden im dauernden Gebrauch abgeschliffen, und so bröckeln regelmäßig die Buchstaben „n“ und „e“ am Ende des Wortes ab. Wenn wir am „Wochenend“ Fahrrad „fahre“ und einen „Platte“ haben, ärgern wir uns, dass wir nicht nur das Flickzeug, sondern auch die „Luftpump“ vergessen haben.

Doch nicht nur am Wortende blättern die Buchstaben ab. Sogar am Wortanfang kann in unseren Mundarten schon einmal eine ganze Silbe fehlen. Ganz überraschende Verluste beobachtet man in den Vergangenheitsformen – genauer gesagt: bei den Perfektformen von Verben. Bevor Sie nun die hochdeutschen Grammatikregeln googeln, hier schnell ein Beispiel für die Perfektbildung: „ich bin gerannt“ und „er hat aufgeräumt“. Ein wichtiges Merkmal des Perfekts ist die Vorsilbe „ge-“. Diese tritt entweder vor das Verb (ge-rannt) oder zwischen die abtrennbare Vorsilbe und den Stamm (auf-ge-räumt).

Zu dieser Regel gibt es im Hochdeutschen ein paar systematische Ausnahmen: Verben mit „ver-“, „be-“ und „ent-“ am Anfang fehlt die Vorsilbe „ge-“ in der Vergangenheit. Es heißt „ich habe versucht“, aber nicht „ge-versucht“ oder „ver-ge-sucht“. Auch Verben auf „-ieren“, also „studieren“ und „kapieren“, haben kein „ge-“: Haben Sie das kapiert? Dann erst einmal ganz tief durchatmen.

Bis hierhin ist das Hochdeutsche schon recht kompliziert. Aber immerhin noch in Regeln zu fassen. Ziemlich regellos verhält sich jedoch unser Dialekt in der Vergangenheit. Das „ge-“ des Perfekts entfällt unerklärlicherweise bei einem Dutzend weiterer Verben. Denken Sie darüber einmal nach. Etwa an Ostern. Sie haben sicher Besuch „kreet“ (gekriegt) und gut „gäss“ (gegessen). Was hat es denn Leckeres zu essen „gää“ (gegeben)? Haben Sie im Garten alle Eier „funne“ (gefunden)? Oder ist der Osterhase gar nicht „kumme“ (gekommen) und hat Ihnen kein einziges Ei „pròòch“ (gebracht)? Ich bin bei den kalten Temperaturen nicht raus „gange“ (gegangen) und lieber drin „bliwwe“ (geblieben). Meinen Schokohasen habe ich mir selbst „kauf“ (gekauft). Was hat der mich „kost“ (gekostet)? 3,99 Euro und viele Nerven beim Schlangestehen an der Supermarktkasse.

Eine Regel für den „ge“-Verlust in unseren Mundarten lässt sich nicht finden. Will man Moselfränkisch lernen, muss man die betroffenen Verben pauken wie die unregelmäßigen Verben im Lateinunterricht. Aber als Muttersprachler des Moselfränkischen ist Ihnen vermutlich noch gar nicht aufgefallen, welche Herausforderungen Ihre Sprache bietet.

Lektion 19

MIR SEIN DER MUNDART MÄCHTIG

Für passionierte Wanderer ist der Calmont-Klettersteig eine gute Vorbereitung auf die neue Wandersaison. Und zuweilen entpuppt sich der Calmont auch als Fundgrube für Dialektforschungen. Demletzt etwa stolperte ich beim Kraxeln durch die steilen Weinberge – nein!, nicht über meine eigenen Füße – sondern über einen merkwürdigen Ausdruck. Am Fuße einer Felswand, die nur auf einer hohen Leiter zu überwinden war, traf ich auf eine Frau, die „gräulte" (sich fürchtete). Sie litt unter einer Höhenangst-Attacke und jammerte: „Ech säin nét ze kehn!". Wörtlich also: „Ich sein nicht zu kühn." Mit ihrer Aussprache und ihrer Wortwahl hatte sie sich zweifelsfrei als Einheimische geoutet und mir außerdem ungewollt Futter für diese Lektion geliefert. „Nicht zu kühn sein" ist in unserer Gegend weit verbreitet und drückt aus, dass man sich etwas nicht zu tun traut.

Noch spannender als die Wendung „zu kühn" ist jedoch das Wörtchen „sein" in der Wehklage der Wanderin. „Ich sein" statt „ich bin"? Das hört sich für hochdeutsche Ohren so an, als hätte ein Fremdsprachenschüler seine deutschen Verben nicht ordentlich gelernt. Aber auf Moselfränkisch ist dies keinesfalls ein Grammatikfehler. Wir Moselfranken mögen die Wechselhaftigkeit des hochdeutschen Verbs „sein" nicht. Sie ist uns zu kompliziert. Wir machen es uns ein bisschen einfacher: Die Ausgangsform „sein" wird kurzerhand mit (ich) „bin", (wir) „sind" und (sie) „sind" zusammengeworfen. So wird unser „säin“ an mehr Stellen einsetzbar als im Hochdeutschen. „Ech säin“ (ich bin) nach der Wanderung hundskaputt. Aber mein Mann und ich, „mir säin“ (wir sind) ein bisschen stolz auf uns, denn die meisten anderen Leute, „die säin“ (die sind) lieber am Sonntag faul auf dem Sofa liegen geblieben statt den steilen Calmont hoch zu hecheln.

Wie Sie sehen, hat unser Dialekt ganz unvermutete grammatische Eigenarten. Wenn Sie nun denken, wir wären nur bei dem Verb „sein“ sparsam, dann muss ich Ihnen sagen: Sie sein auf dem Holzweg!

In unserem Platt ist – anders als im Hochdeutschen! – bei fast allen Verben die Form nach „ech“ (ich) dieselbe wie nach „mir“ (wir). Zumindest in der Sprache der älteren Generation. „Ech wòarten“ (warte) oder „mir wòarten“ (warten) schon ganz gespannt auf das nächste Frühjahr. „Ech honn“ (habe) oder „mir honn“ (haben) schon einen Wanderplan für den Moselsteig: „Ech hóllen mir“ (nehme mir) oder „mir hóllen uus“ (nehmen uns) dann Sonntag für Sonntag eine Etappe vor.

Aber bevor ich nun ganz in der Tourenplanung versinke, muss noch etwas geschafft werden. Deshalb „maachen“ (mache) ich mich auf zur nächsten Lektion.

Lektion 20

EIN MOSELFRÄNKISCHER BUCKEL IST KEIN KRUMMER RÜCKEN

Ob in besonderen Wellnesshotels, bei Vorsorgeuntersuchungen oder in VHS-Kursen – unserem Körper widmen wir heute erstaunlich viel Aufmerksamkeit. Höchste Zeit also, sich auch einmal sprachlich mit ihm auseinanderzusetzen. Unser Dialekt ist reich an originellen, teils deftigen Ausdrücken für Körperteile.

Fangen wir oben an: Für den „Kopp" gibt es zahlreiche, oft wenig schmeichelhafte Wörter. Im moselfränkischen Angebot ist die „Rummel", also der Vergleich unseres Hauptes mit der knubbeligen, unförmigen Runkelrübe. Kaum netter klingt der „Dääz". Er geht auf das französische Wort „tête" für den Kopf zurück – „Dääz" ist also ein frühes Lehnwort von unseren Nachbarn. Fehlen die Kopfhaare, hat man bei uns keine Glatze, sondern eine „Plääť". Köpfe mit Locken haben „Krollesjer". Kann man etwas nicht mit ansehen, kriegt man in meinem Dorf „krees Hòar", also „greise" und nicht graue Haare.

Eine im Hochdeutschen gänzlich unbekannte Kopfregion ist die Grube im „Halsknick" zwischen Nacken und Kopfansatz. Sie trägt den Namen „Läiskoul" (Läusekuhle). Früher war sie weniger der Lieblingsort für Läuse als vielmehr das bevorzugte Ziel robuster Erziehungsmethoden. Hatten wir unsere Oma Ännchen mal zu sehr geärgert, schimpfte sie: „Wenn ihr eech nét schéckt, kreet ihr äan hänner die Läiskoul!" Seit Läuse rar sind und körperliche Züchtigung tabu ist, verschwindet auch die „Läiskoul" aus unserer Alltagssprache.

Im Mund von Kleinkindern finden wir die „Béllare“, die noch zahnlosen Gaumen. Mit denen kauen die Knirpse hartes Essen so lange, bis es sich auflöst. Wenn ich mir’s recht überlege, kommt das Wort „Mund“ in unserem Dialekt kaum vor. Man hat stattdessen eine „Moul“ (Maul) oder eine „Schnéss“ (Schnauze). Die kann man sich verbrennen, wenn man etwas Peinliches sagt.

Einer unserer größten Körperteile ist der „Buckel“. Dabei kann der moselfränkische Buckel kerzengerade sein! Während im Hochdeutschen das Wort einen gekrümmten Rücken meint, ist zwischen Eifel und Hunsrück jeder Rücken ein Buckel. Schulkinder nehmen ihre Schultaschen auf den Buckel, und die Winzer schultern die „Buckelsprétz“. Will man den Bus nicht verpassen, beeilt man sich und holt die Beine auf den Buckel. Spaßeshalber machen wir auch den Hunsrück zum „Hunsbuckel“.

Wenn wir vom Rücken zu den Füßen wandern, kommen wir unvermeidlich am Hintern vorbei. Dieser heißt meist „Òòsch“ – ein Wort, das in der Mundart weniger derb ist als das hochdeutsche Gegenstück „Arsch“. Das Hinterteil bildet jedoch die Basis für allerlei Schimpfnamen: Der „Zänk-Òòsch“ ist ein Streithammel. Der „Klääf-Òòsch“ bleibt bei Feiern kleben und geht immer als Letzter nach Hause. Beste Freundinnen sind bei uns nicht ein Herz und eine Seele, sondern ein „Kopp“ und ein „Òòsch“. Und während man im Hochdeutschen Hals über Kopf stürzt, fällt man in unserer Region „Kopp iwwer Òòsch“.

Eine sprachliche Merkwürdigkeit findet sich am unteren Körperende: Hier haben auch meine jüngsten Leser schon „Enkel“. Natürlich nicht im Sinne von Kindeskindern, nein, Enkel heißen bei uns die Fußknöchel.

Selbst der Körper unterliegt zeitlichen Veränderungen. Schmücken heute Tätowierungen vielerleuts Oberarme, waren es bis Ende der 60er Jahre eher die Narben der Pockenimpfung. Ich bin dafür zu jung und kenne auch kein Wort dafür in meiner Mundart. In Kümbdchen auf dem Hunsrück jedoch, so habe ich gehört, heißen sie „Poorbele“ – und vielleicht bei Ihnen ja auch. Da die Pockenimpfung längst abgeschafft ist, ist das ein Wort, was bald vergessen sein wird.

Lektion 21

WENN KINDER SICH UMS SPIELGESCHIRR ZANKEN

Aus dem Wohnzimmer kommt wieder mal gellendes Geschrei! Geschwister können untereinander ganz schön gemein sein. Das „Spillgescheer“ (Spielgeschirr), also das Spielzeug, das der Bruder gerade hat, ist grundsätzlich viel interessanter als das, mit dem man selbst spielt. So kommt es in vielen Familien oft zum Streit zwischen den Geschwistern – das kann ganz schön an den Nerven der Eltern zerren. Die lieben Kleinen zanken, schimpfen, schreien; sie ziehen sich an den Haaren, knuffen sich und manchmal wird sich auch „gepitscht“ (gezwickt). Zum guten Schluss heult immer mindestens einer der beiden. Oder noch schlimmer: Einer der beiden „watzt“. „Watze“ ist unser Dialektwort für ein besonders trotziges, theatralisches Heulen, das ziemlich nervt.

Manches schmollende Kind beherrscht das Minenspiel in Perfektion. Es kann ein Gesicht ziehen wie „drei Tage Regenwetter“. Oder es „mächt en Schépp“ (macht eine Schaufel) – das heißt: zieht eine Schnute, die auch Profischauspieler nicht besser hinbekämen. Unser Großvater hat uns – wenn wir eine Schnute zogen – immer den Rat gegeben, wir sollten uns bei der Post zum Briefmarkenkleben bewerben. Das war gemein! In unserem heutigen automatisierten Zeitalter werden solche Mitarbeiter glücklicherweise nicht mehr gebraucht. Aber wie Sie sehen, können manchmal nicht nur die Geschwister, sondern auch die restliche Verwandtschaft ziemlich fies sein.

In unserer Familie war „Kräutchen-rühr-mich-nicht-an“ eine weitere gern benutzte Bezeichnung für ein Kind, das schnell beleidigt ist. Die Bezeichnung leitet sich von dem Beinamen des Großen Springkrautes ab, das bei Berührung blitzschnell seine Samen aus den Fruchtkapseln schleudert.

So ein Streit zwischen Geschwistern endet ja meistens glimpflich. Sollte jedoch einer der Kleinen unglücklich „hieplacke“ (hinfallen), „stélpe“ (stolpern) oder etwas auf den Kopf gepfeffert bekommen, schwillt eine Beule an. Für die Beule gibt es in unserer Gegend zwei unterschiedliche Begriffe. Unsere Dialektregion teilt sich dabei in die Dörfer, wo man sie „Béllს“ (oder ähnlich) nennt und die Dörfer, in denen man „Bous“ (oder ähnlich) sagt. So nennt man sie in Bremm „Béllს“, in Kaisersesch „Belles“, in Urmersbach „Bäis“. Wandert man jedoch weiter südwestlich in der Eifel oder weiter die Mosel hoch, finden wir dort beispielsweise in Gillenbeuren und in der Dauner Gegend die „Bouf“, an der Obermosel und in der Trierer Ecke die „Baus“. Aber egal, wie man sie nennt, weh tut die Beule allemal.

Wir wollen mal nicht hoffen, dass bei dem Streit Blut geflossen ist. Aber sollte es eine kleine Verletzung gegeben haben, setzt schon nach kurzer Zeit die Heilung ein, und es bildet sich eine Wundkruste. Diese Wundkruste ist auch aus sprachwissenschaftlicher Sicht interessant. Über unsere Region verteilt gibt es für sie zwei unterschiedliche Wortstämme: An der Mittelmosel spricht man in einigen Dörfern von einer „Scheeb“ (Bremm) oder „Schieb“ (Ürzig). Viel häufiger trifft man sonst wo auf „Riff“ (Kaisersesch), auf „Riwwe“ (Klotten), weiter die Mosel rauf auf „Ruuf“ (Brauneberg) und mancherorts im Hunsrück auf „Ruub“.

Schreit es da nicht aus Ihrem Kinderzimmer? Legen Sie lieber das Buch weg und schlichten Sie den Streit, bevor es Beulen gibt!

Lektion 22

MEHRZAHLBILDUNG AUF MOSELFRÄNKISCH

Als ich gestern Abend nach Hause kam, bemerkte ich: „Maju, die Better säin jò noch nét gemaach!“. Mein Ausruf war nicht nur ein Seufzer über die Unordnung, sondern auch ein Anstoß, darüber nachzudenken, wie wir in unserem Dialekt die Mehrzahl, also den Plural, bilden. Die Pluralbildung ist viel komplizierter als das Bettenmachen. Halt, da ist ja der Plural von Bett: „die Betten“. In unserer Mundart heißt es aber „die Better“.

Die Pluralregeln sind schon im Hochdeutschen nicht einfach. Die meisten Wörter haben einen Plural auf „n“, „en“ oder „e“: Ampeln, Banken und Hunde sind dafür Beispiele. Manchmal kommt auch ein „er“ ans Wort, wie bei „Kinder“. Eher selten ist die Endung „s“ wie bei „Omas“. Und schließlich gibt es noch Wörter wie „Lehrer“, bei denen Einzahl und Mehrzahl gleich sind. So weit, so kompliziert.

Unsere Mundarten halten es teilweise mit diesen Regeln, haben aber auch ihren eigenen Kopf. Da wir das „n“ und „e“ gerne wegfallen lassen, sind unsere Pluralwörter oft kürzer als im Hochdeutschen. „Die honn Keh (Kühe) un Schween (Schweine),“ erzählt mir mein Neffe nach einem Bauernhofbesuch. Aus einer „Koh“ (Kuh) machen wir allein durch den Vokalwechsel mehrere „Keh“ (Kühe). Bei Schweinen geben wir uns noch weniger Mühe. Da uns die Pluralendung „e“ am Ende wegbröckelt, verschwindet der Unterschied zwischen Einzahl und Mehrzahl: Beides heißt kurzerhand „Schween“.

Es gibt aber auch den umgekehrten Fall: Hochdeutsche Wörter, die im Singular und Plural gleich sind, werden im Dialekt verschieden. Bei uns sind mehrere Esel „Éssele". Und ich „Éssel" hatte gestern meinen Schlüssel verlegt – er lag im Gartenhäuschen. Apropos Häuschen. Das steht im Hochdeutschen für ein oder mehrere kleine Gebäude.

Ganz anders in unseren Mundarten! In den Feriendörfern steht nicht nur ein „Häisje", sondern etliche „Häisjer". In meinem Vorgarten blüht Ende Februar das erste „Bäamsche", aber die meisten „Bäamscher" (Bäumchen) brauchen noch Zeit. Wer Heuschnupfen hat, braucht nicht nur ein „Deejelsche", sondern gleich eine ganze Packung „Deejelscher" (Tüchlein). Fazit: In der Verkleinerungsform wird regelmäßig zwischen Einzahl und Mehrzahl unterschieden – dies gilt für das ganze Moselfränkisch, mit Ausnahme eines Gebiets zwischen Untermosel und Ahr.

Nicht nur bei Verkleinerungen, auch anderswo haben wir eine große Vorliebe für die Pluralendung „er": Wir spielen „Spiller" (Spiele), bügeln „Himmer" (Hemden) und schneiden Kuchen in „Stécker" (Stücke).

Zum Schluss eine kuriose Pluralbildung, um die uns das Hochdeutsche beneiden darf: Wenn's ein bisschen mehr sein soll, können wir auch ein „d" am Wortende weglassen: Aus einer „Wand" werden zwei „Wänn", aus der „Hand" zwei „Hänn" und aus dem „Hund" zwei „Hinn". Oje, vor lauter Pluralen hätte ich es fast vergessen: Ich muss ja noch die Better machen...

Lektion 23

VON HOCHBEINERN, PITSCHZIEGEN UND HIMMELSTIERCHEN

Endlich, der Frühling ist da! Die Sonne scheint, es ist länger hell, es grünt und blüht überall. Licht und Wärme locken aber auch wieder allerlei Plagegeister hervor. Mit denen wollen wir uns näher beschäftigen.

Naht der Sommer, brummen die Stubenfliegen durch die Wohnung. Hochdeutschsprecher wundert's – aber wir machen keinen Unterschied zwischen Mücken und Fliegen. Beide sind für uns „Mécke". Wir schlagen zwei „Mécke" mit einer Klappe. Uns ärgert die „Méck" an der Wand. Und vermutlich frisst auch der moselanische Teufel in der Not „Mécke“ statt Fliegen. Manche Fliegen haben einen speziellen Namen: Die Schmeißfliege heißt vielerorts kurz „Schmäaz“. Die blutsaugende Bremse kennt man in Zeltingen und Umgebung als „Broochmann“.

Kaum ist man an einem sonnigen Tag auf der Picknickdecke weggedöst, fällt eine Armee von kleinen sechsbeinigen Störenfrieden über den leckeren Obstsalat her. Ich nenne die Ameise „Säajòòmes“. In Kaisersesch heißt sie „Saaschòòmes“. Und so ähnlich sagt man in den meisten Dörfern an der Mosel und in der Eifel. Das zweiteilige Wort heißt wörtlich übersetzt „Piss-Ameise“. Der erste Wortteil „Saasch-“ bezieht sich auf die brennende Säure, die die Ameisen absondern oder – anders gesagt – „seichen“ (pissen). Nur östlich von Mayen spricht man von „Huumaazel“. Auf dem Hunsrück nennt man das Tierchen meist „Òòmetzel“.

Ameisen mögen Picknickfreunde nerven, doch den Hobbygärtner regen sie meist nicht auf. Dessen bestgehasste Feinde sind schleimig und verfressen. In Pünderich fallen „Schläake“ über die zarten Salatpflänzchen her, während man in Gillenbeuren mit Schneckenkorn Jagd auf „Schnääle“ macht.

Völlig harmlos, aber deshalb nicht unbedingt beliebt, sind die Ohrwürmer. Die Insekten mit den Zangen am Hinterleib heißen in unserer Gegend wörtlich übersetzt Ohrenschleifer. Die spinnenartigen Weberknechte mit den ganz langen, dünnen Beinen kennen wir unter dem Namen „Hochbeiner“ – oder auf Cochem Platt „Huubaaner“ und auf Wittlicher Platt „Hiebääner“. Am untersten Ende der Beliebtheitsskala rangieren die Zecken. In St. Aldegund kennt man sie unter dem Namen „Pétschgäas“ (Pitschziege), sonst wo meist – lokal ausgesprochen – als „Heckenbock“, „Heckenbutsch“ oder ganz harmlos „Heckentier“.

Natürlich gibt es auch sympathisches Kleingetier – wenn es uns nicht gerade in den Kragen hüpft. Dazu gehört die Heuschrecke, die vielerorts „Haispring" (Heuspringer) heißt. Das Marienkäferchen, das wegen seiner Arbeit als Läusevertilger als göttliches Geschenk betrachtet wurde, wird in Greimersburg „Herrgottsdeasche" (Herrgottstierchen) und in Zell „Herrgottsengel" genannt. In der Osteifel und in Luxemburg bezeichnet man es als „Himmelsdéierchen" (Himmelstierchen).

Wenn der Frühling ein paar Wochen ins Land gegangen ist, sieht man nachts die kleinen Lichtpünktchen der „Gehannsfinkelscher" (Johannisfünkchen) – dies ist die liebevolle Bezeichnung für die Glühwürmchen in St. Aldegund. Ihr Name zeigt an, wann sie auftauchen: um den Johannistag am 24. Juni.

Moment mal! Hat da nicht was gesummt? Ich muss mir schleunigst eine „Méckefläatsch" (Fliegenklatsche) besorgen...

Lektion 24

WECHSELHAFTE MOSELFRÄNKISCHE „ZWEI"

Die beiden Flaschen Riesling, die ich für den Besuch am Wochenende in den Kühlschrank gelegt habe, bieten mir einen willkommenen Anlass, einen Blick auf die Zahl „zwei“ zu werfen. Unser moselfränkischer Dialekt stellt mit der Zwei nämlich etwas an, das dem Hochdeutschen fremd ist. Die Zwei ist bei uns ein wandelbares Wort. Um die moselfränkische Zwei zu verstehen, müssen wir uns zuerst das Hochdeutsche ansehen: Egal ob Sie im Restaurant zwei Salatteller, zwei Tassen Kaffee oder zwei Gläser Bier bestellen – „zwei“ bleibt stets „zwei“. Oder anders gesagt: Das Zahlwort interessiert sich nicht dafür, ob es sich beim folgenden Wort um die Mehrzahl von Teller, Tasse oder Glas handelt.

Im Moselfränkischen passiert indessen etwas Bemerkenswertes! Dort passt sich das Zahlwort „zwei“ an das Geschlecht des nächsten Hauptwortes an. In Ulmen etwa werden „zwiin Läffele“ (der Löffel), „zwoo Jowwele“ (die Gabel) und „zweij Mätzare“ (das Messer) auf den Tisch gelegt. Kurz gesagt: „Zwiin“ steht vor männlichen, „zwoo“ vor weiblichen und „zweij“ vor sächlichen Wörtern.

Die Eifler sind mit dieser grammatischen Besonderheit nicht alleine. In Reil an der Mosel können „zwien Männer“ mit „zwuu Fraue“ und „zwää Känner“ spazieren gehen. Auch im Hunsrück ist die Zwei wandelbar. Um Simmern herum hat man „zwee Hiit“ (zwei Hüte), „zwoo Kih“ (zwei Kühe) und „zwai Bään“ (zwei Beine).

Diese Formenvielfalt hat die hochdeutsche Zwei schon vor langer Zeit verloren. Aber auch im Moselfränkischen hat die Wandlungsfähigkeit der Zwei inzwischen stark abgenommen. Der Unterschied zwischen der männlichen, weiblichen und sächlichen Zwei, den unsere Groß- und Urgroßeltern noch machten, ist in den letzten Jahrzehnten vielerorts verschwunden. In meinem Heimatort St. Aldegund hört man vielleicht noch hier und da ein „zwien", vielleicht auch ein „zwäa", aber durchgesetzt hat sich das „zwo" – ganz egal welches Hauptwort danach folgt. Auf St. Aldegunder Tischen liegen also heutzutage „zwo Läffele", „zwo Gowwele" und „zwo Mässere". Und ob ich donnerstags noch „zwien Daach" oder „zwo Daach" bis zum Wochenende warten muss, das ist mittlerweile egal – na ja, zumindest aus grammatischer Sicht.

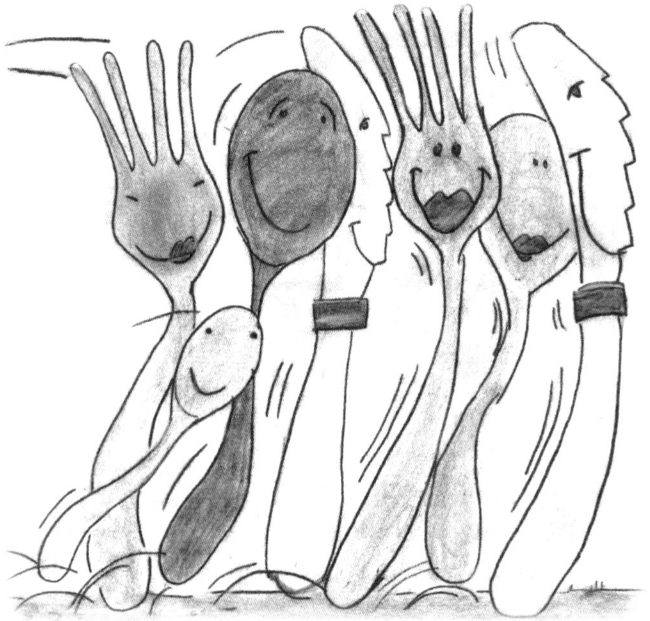

Joachim Schröder aus Pronsfeld in der Eifel hat der früheren Wandlungsfähigkeit der Zwei in unserer Region ein poetisches Denkmal gesetzt.

„ZWEEN“ – „ZWU“ – „ZWÄ“

JOACHIM SCHRÖDER

So sprach man in der alten Zeit
in deutschen Gauen weit und breit,
so teilt man noch im Eifelland,
was anderwärts wird „zwei“ benannt.

Und willst die Sprache du versteh’n,
mußt du dir das Geschlecht beseh’n,
von dem die Rede ist im Paar.
Ich mach dir’s an Exempeln klar.

„Zween“ Männer sieht der Eifler geh’n,
„Zwu“ Frau’n nahbei am Brunnen steh’n.
„Zwä“ Kinder kommen noch herbei –
macht Sechs aus „zween“ und „zwu“ und „zwä“.

„Zween“ Hunde haben jetzt gebellt,
„Zwu“ Kühe kommen aus dem Feld,
„Zwä“ Rinder weiden noch im Gras,
macht wieder ein halb Dutzend das.

Du hast „zween“ Füße, drauf zu steh’n,
„Zwä“ Beine aber, drauf zu geh’n,
zu schaffen hast „zwu“ Hände du,
der Schlaf macht dir „zwä“ Augen zu.

„Zween“ Finger man zum Schwur aufhebt,
ein Lächeln um „zwu“ Lippen schwebt,
„zwä“ Ohren hat der Mensch am Kopf,
wer’s nicht kapiert, der ist ein Tropf.

Lektion 25

MAJU, ES GEHT SCHWER DIE LUFT!

Alle reden darüber. Überall. Ob ein unerwarteter Kälteeinbruch, der dritte Regentag in Folge oder eine kleine Trockenperiode – über das Wetter lässt sich wunderbar lamentieren. Kein Wunder also, dass der Dialekt zwischen Eifel und Hunsrück eine Reihe treffender Ausdrücke für schlechtes Wetter bereithält. Bläst kalter Wind über die Höhen von Eifel und Hunsrück, klagen wir, wenn wir nicht gerade Windradbesitzer sind: „Maju, et gäat awwer ganz schie die Lóft!" Oje, es geht aber ganz schön die Luft. Interessant an dieser Klage ist zum einen, dass wir Moselfranken „Lóft" (Luft) sagen, wenn wir Wind meinen. Und zum anderen: Wenn diese Luft sich bewegt, dann weht sie nicht, sondern sie geht einfach nur. Merkwürdig, oder? Und wenn sie „ganz schön“ geht, dann bläst der Wind einem ziemlich unangenehm ins Gesicht. Die Vorliebe für Luft statt Wind geht aber nicht so weit, dass aus Windrädern Lufträder würden!

Die Wetterküche hat natürlich noch einiges mehr zu bieten als bloß Wind. Regen zum Beispiel. Für das Nass von oben haben wir eine Vielzahl von Wörtern. Fällt gewöhnlicher Regen, dann „rräänt“ es eben. Kommt der Regen dagegen in feinen Fädchen vom Himmel, dann „fusselt“ es, und man braucht nicht unbedingt einen Schirm. Prasselt der Regen laut aufs Dach, dann kübelt oder schüttet es nicht, sondern es „tränscht“. In manchen Dörfern kann es auch „traasche“. Bei tränschendem Regen schickt man keinen Hund vor die Tür und bleibt „hännerwänds“, also daheim hinter sicheren Wänden. Hat man den Schirm vergessen, wird man in kürzester Zeit „plätschnass“, also nass bis auf die Knochen. Wenn nach einem gehörigen Wolkenbruch die Wassermassen die Hänge runterstürzen und Steine und Geröll vor sich hertreiben, dann „fliezt“ es.

Manchmal schlägt das Regenwetter Kapriolen, und es „schmuckt“. Dies ist eine Form des Regnens, die sich im Hochdeutschen nur umschreiben lässt: Wenn es schmuckt, fällt der Regen bei böigem Wind schräg vom Himmel. So werden auch Ecken nass, die sonst von Vordächern geschützt sind.

Nach einem Regenguss – in unserer Gegend oft „Schouf“ genannt – sammelt sich das Wasser in „Plotte“ und „Pulle“ oder mancherorts in „Puddele“. In diese Pfützen können die Kinder dann reinspringen, dass es nur so „spränzt“.

Für Schnee haben wir kein besonders Wort. Aber der Hagel wird in unseren Mundarten oft mit Kieselsteinen verglichen. Fällt er vom Himmel, dann „kisselt“ (kieselt) es. Jedoch nicht überall: In südlichen Regionen des Moselfränkischen „schloosßt“ es, wenn bei einem Sommergewitter Eisklümpchen zur Erde fallen.

Selbst so ein Sauwetter hat sein Gutes: Es ist ideal, um ein Gespräch in Gang zu bringen. Mein Tipp: Wenn Ihre nächste Unterhaltung nur zäh in Gang kommt, dann reden Sie doch einfach mal über den Wortschatz des Wetters.

Lektion 26

BREMM HAT SEIT JEHER DIE DICKSTEN MÖHREN

Gärtnern liegt seit einigen Jahren schwer im Trend. Und Zeitschriften übers Landleben verkaufen sich wie geschnitten Brot. Hier in St. Aldegund verbringt man jede freie Minute im „Gòarde“, unten in Cochem jeden Moment im „Jòarde“. Die Zeitungen überschlagen sich mit Gartentipps, und das Gartenvirus hat auch dieses Buch infiziert.

Im moselfränkischen Gartenvokabular werden, was nicht verwundert, viele Wörter anders ausgesprochen als im Hochdeutschen. Die Möhren werden zu „Mórre“ oder „Muhre“. Zusammen mit „Erwes“ (Erbsen) gehören sie in die Gemüsesuppe „Quer-doosch-dä-Gòarde“, die samstags aufgetischt wird.

Der „Salat“ wird fast bis zur Unkenntlichkeit entstellt – nicht nur durch gefräßige Schnecken, sondern auch durch die moselfränkische Zunge. In Briedern wandelt man ihn in „Zollòòt“ und in St. Aldegund in „Zlòat“ um. In Gillenbeuren heißt er kurz und schmerzlos „Schlòòt“.

Viel interessanter als die Ausspracheunterschiede sind jedoch die Pflanzennamen, die ganz andere Wortstämme haben als im Hochdeutschen. Das beste Beispiel dafür sind die „Krómbere“. Während das hochdeutsche Wort Kartoffel ein Lehnwort aus dem Italienischen ist, haben unsere Vorfahren in Eifel und Hunsrück die Feldfrucht mit Birnen verglichen und als „Grundbirnen“ umschrieben. Dieses hat sich dann im Laufe der Zeit zu „Krómbere“, „Krumbiere“, „Krumpern“ oder in der Dauner Ecke sogar zu „Schrumpere“

abgeschliffen. Ganz anders in Südwestdeutschland. Dort verknüpfte man die aus Südamerika gekommene Knolle mit Äpfeln und nannte sie deshalb „Erdäpfel".

Die moselfränkische Gurke heißt mancherorts „Kummer". Aber nicht weil sie ein bekümmertes oder gar kümmerliches Gartenprodukt wäre. Der Name geht vielmehr auf das französische Wort „concombre" für Gurke zurück. Dem Französischen sehr nahe sind noch die „Kumkummeren" in Ürzig.

Kohl heißt im ganzen moselfränkischen Gebiet „Kappes". Nur die kleinen Kohlsetzlinge nennen wir kurioserweise „Kielscher", also Köhlchen, und nicht etwa „Käppesjer". Eine Kohlsorte, der Grünkohl, trägt vielerorts einen speziellen Namen. In St. Aldegund spricht man von „Spruckele", in Cochem von „Kroosmoas", in Brauneberg von „Wontermous" (Wintermus). Spät im Jahr kann man außer Grünkohl oft auch noch „Bräatlauf" ernten. Dieses Wort für Porree ist wörtlich übersetzt Breitlauch. Den verwandten Schnittlauch nennt man in der Vulkaneifel bis hinüber nach Ostbelgien merkwürdigerweise „Bratzel" – dieses Wort lässt sich zurückverfolgen bis zu einer in Mittellatein geschriebenen Landgüterverordnung Karls des Großen, wo der Schnittlauch „britlas" heißt.

Wenn die eigenen Pflanzungen vor sich hin kümmern, wird man immer ganz neidisch auf die gärtnerischen Erfolge von Anderen. Die dicksten Möhren der Gegend wachsen seit alters her in den Bremmer Moselgärten im „Kreensche" (Grünchen). Sie haben den Bremmern den anerkennenden Beinamen „Muhreschläawer" (Möhrenschlepper) eingebracht.

Lektion 27

LINKS DER MOSEL „JARTEN" – RECHTS DER MOSEL „GARTEN"

Mit Köln verbindet man den Dom, Karneval, BAP und zweimal Kölsch, das Getränk und die Sprache. Einige der sogenannten Kölschen Grundgesetze haben sich auch in den Sprachschatz mancher Nicht-Kölner eingeschlichen. So wird – voller Zuversicht – angesichts anstehender Probleme auch außerhalb von Köln schon mal gesagt: „Et hät noch immer joot jejange".

Viele verbinden den kölschen Dialekt – der übrigens nicht zum Moselfränkischen, sondern zum Ripuarischen gehört – mit dem typischen Aussprachewandel von „g" zu „j". So finden wir in dem eben genannten Sinnspruch „joot" für „gut" und „jejange" für „gegangen". Genauso sagt der Kölner „Jeck" zu dem Fastnachtsgeck. Und im Karnevalshit der Brings wird aus der supergeilen Zeit die „superjeile Zick".

Der Wandel von „g" zu „j" dürfte aber nur den Lesern an der Mittel- und Obermosel und auf dem Hunsrück merkwürdig vorkommen. Denn an der Untermosel und in der ganzen nördlichen Hälfte der Eifel hat man – wie in Köln – eine Vorliebe für das weiche „j". Und widersetzt sich häufig am Wortanfang dem harten „g".

In Kaisersesch heißt die Ziege „Jaas" (Geiß). In Weiler wird das Geld zu „Jeld". In Ulmen sagt man zu Gänsen „Jänse".

Die Mundartsprecher in den Eifeldörfern des Kreises Cochem-Zell gehen außerdem nicht in den „Goarte" (Garten), sondern in den „Joarte". So träumt manch „Jellebäirener" (Gillenbeurener) Hobbygärtner vielleicht angesichts der immer länger werdenden Tage schon wieder vom Graben, Pflanzen und Gießen. Er macht womöglich bereits im Februar Pläne, welches „Jemees“ im kommenden Frühjahr gesät werden soll. Wie das „Joartehäisje“ renoviert werden könnte. Wie man die Tomaten vor Starkregen und „Jewidder“ (Gewitter) schützen könnte. Und im Geräteschuppen staubt er schon einmal Spaten und „Jeeskann“ (Gießkanne) ab. Möglicherweise machen Sie sich in „Jevenisch“ (Gevenich) ähnliche Gedanken ...

Die Trennlinie zwischen „g“ und „j“ läuft – wie mit dem Lineal gezogen – von Westen nach Osten quer durch die Eifel, von der Nordspitze Luxemburgs bis fast zum Calmont.

Mancherorts genügt eine kurze Wanderung, um die Grenze zwischen dem „g-Gebiet“ und dem „j-Gebiet“ zu überqueren. Von St. Aldegund geht man wenige Kilometer den Berg hoch nach Beuren, und schon hat man das „j-Gebiet“ erreicht. Im Moseldorf unten wird „gange“ (gegangen) und „gemaach“, im benachbarten Eifeldorf oben wird „jange“ und „jemaacht“. Am Rand des Liesertals im Kreis Bernkastel-Wittlich reicht ein Katzensprung von einem Niederöfflinger „Goaden“ zu einem Oberöfflinger „Joaden“ (Garten).

Noch eine abschließende Warnung: Natürlich lässt sich nicht jedes eiflerische „j“ in ein hunsrückisches „g“ zurückverwandeln. Dem typisch eiflerischen „jett“ für „etwas“ entspricht nicht etwa „gett“ in den Mundarten rechts der Mosel, sondern „ebbes“. Mundart ist also ebbes ganz schön Kompliziertes.

Lektion 28

AM SCHOOSEE MUSST DU AUF DIE AUTOS AUFPASSEN

Ob Etikett, Plüsch, schick oder Kalkül – viele französische Wörter haben sich so perfekt in unsere deutsche Sprache eingefügt, dass wir sie gar nicht mehr als sprachliche Zuwanderer erkennen. Das liegt natürlich auch daran, dass aus dem Wortschatz unserer Nachbarn viele Wörter schon vor langer Zeit in unsere Sprache eingesickert sind. Das gilt für das Hochdeutsche nicht weniger als für unseren moselfränkischen Dialekt. Um das Ziel dieser Lektion politisch korrekt zu formulieren: Sie beschäftigt sich mit dem Migrationshintergrund unseres mundartlichen Erbes.

Schon im Fremdsprachenunterricht merkte ich, dass so manches ungewöhnliche Wort aus dem Mund meiner Großmutter wohl etwas mit Frankreich zu tun haben musste. Beim Nähen suchte sie nie Stecknadeln, sondern „Spängele" – was sich sehr nach Französisch „épingle" anhörte. Als Warnung gab sie uns Kindern immer auf den Weg: „Passt om Schoosee óff die Audos óff". Mit „Schoosee" – von Französisch „chaussée" – war die Hauptstraße unterhalb des Dorfes gemeint, die man damals überqueren musste, um zum Spielplatz zu kommen. Dorthin brachten Mütter ihre kleinen Kinder früher nicht in einem „Buggy", sondern in einem „Scheeßwäänsche". Das „Wäänsche" erschließt sich uns sofort als „Wägelchen", doch das Wort „Scheeß" verweist auf das Französische: „chaise" heißt Stuhl. Wenn wir uns mit kleinen Arbeiten nur wenig Taschengeld verdient hatten, tröstete unsere Großmutter uns: „Bässer wie ner leerer Scheeß nòògelauf", also: Besser als einem leeren Wagen hinterhergelaufen. Die französischen Lehnwörter unseres Dialekts sind eine Folge bewegter europäischer Geschichte: Mehrmals zogen französische Truppen durch die Region zwischen Trier und Koblenz und drückten ungewollt dem Wortschatz des Moselfränkischen ihren Stempel auf.

Dass ich den Wortschatz meiner Großmutter bemühen muss, zeigt aber schon, dass etliche vom Französischen abgeleitete Dialektwörter sich heute rarmachen. Doch dies gilt nicht für alle: Uns schmeckt immer noch ein frisches „Flitt" vom Bäcker. Der Name dieses langen dünnen Weißbrots kommt von „flûte" (Flöte) für ein flötendünnes Baguette. Die französische Herkunft überrascht beim Flitt kaum, wohingegen sich ein anderes Wort bestens tarnt. Oder hätten Sie gedacht, dass unsere „Wäschemann" (für Wäschekorb) ein echter Franzose, oder eher: eine echte Französin ist? Das Wort „Mann" sieht zwar sehr deutsch aus, aber es geht auf das französische „manne“ für einen rechteckigen Wäschekorb zurück. Mancher Rentner verbringt den ganzen Tag in seiner Werkstatt und „bosselt“. Dieses Dialektwort stammt von Französisch „bosser“ für „arbeiten“. Leute, die ruhig vor sich hinbosseln, sind uns natürlich lieber als Leute, die zu viel „oddeneere“ – von Französisch „ordonner“ für Anweisungen verteilen. Und lieber als Leute, die zu viel „dispedeere“ – von Französisch „disputer“, also streiten statt mit der Arbeit zu beginnen..

Es ließen sich unzählige weitere Wortbeispiele aufzählen. Denken Sie beispielsweise an „Plümmo“ (Federbett), „Märl“ (Amsel), „Mésch“ (Spatz), „Peesche“ (Weinbergspfirsiche), „sich scheneere“ (schüchtern sein) und „Kuveer“ (Briefumschlag). Auch „express“, die moselfränkische Übertragung von „absichtlich, aus Widerspenstigkeit“ stammt von Französisch „exprès“. Napoleons Schatten ist also, sprachlich gesehen, ganz schön lang.

Lektion 29

WENN MOSELANER GIPFELN, OHNE BERGE ZU BESTEIGEN

Am Wochenende hatten wir Besuch aus Kanada, das, nun ja, nicht gerade zu den großen Weinbaunationen gehört. Also eine prima Gelegenheit, für den Moselwein zu werben und – plopp! – eine Flasche Neefer Frauenberg zu entkorken. Den wundervollen Riesling im Mund, fiel mir auf, dass der Wein auch sprachlich gesehen etwas Faszinierendes hat. Rund um den Wingert hat sich nämlich ein eigenes Weinbergsvokabular entwickelt.

Das Arbeitsjahr im Wingert beginnt mit dem „Schnäire“ (Schneiden) der Reben. Dann folgt das „Schäare“ (Scheren) oder „Räawe“ (Raffen) der abgeschnittenen Reben. Zwei Verben, die sehr schön die kleinen aber feinen Unterschiede zwischen Dialekt und Hochdeutsch zeigen: Während das hochdeutsche „Scheren“ vor allem für das Entfernen von Haaren verwendet wird, meinen wir in unserem Platt damit das Zusammenbringen von Reben, Dreck und ähnlichem Material auf einem Haufen. Das moselfränkische „Räawe“ lässt sich auch nur ungenügend mit dem negativen „Raffen“ übersetzen. Bei uns bedeutet „Räawe“ ganz neutral „Aufheben“.

Bevor die Weinstöcke „gebunne“, also die neuen Reben in einem Halbbogen gebunden werden, geht der Winzer „stécke“. „Stécke“ hat das Zeug, zu meinem Lieblingsmundartwort zu werden. Einfach deshalb, weil es so vielseitig ist. Heute „stécke“ (mische) ich lieber Karten in einer Skatrunde, während ich als Kind Bilder „gestéckt“ (gestickt) habe. Jetzt schweife ich aber ab. Also zurück zum Wingert: Dort bedeutet „Stécke“, wackelige oder schiefe Pfähle wieder ins Lot zu bringen und fest in den Boden einzurammen.

Sind alle Weinberge gebunden, hat man sprichwörtlich den „Honn“ (Hahn) gefangen – was ganz früher mit einem kleinen Festchen gefeiert wurde. Doch der Wein ist dann noch lange nicht in der Flasche. Dem Binden folgen die Bodenarbeiten: das „Óffzeeje“ (Aufziehen)

mit dem „Grubber“ – einem Gerät zur Lockerung des Bodens. Für die Behandlung der Reben mit Spritzmitteln nimmt der Winzer seinen Düsenjäger raus. Das ist kein Privat-Jet, sondern ein Sprühgerät, das man wie einen Rucksack auf dem Rücken trägt.

Im Juni werden die aus dem Bogen neu wachsenden Reben mit Bast nach oben an den Pfahl gebunden. Diese Arbeit heißt „Häfte“ (heften), und sie hat mit dem hochdeutschen „Heften“ aus der Bürosprache gar nichts zu tun. Im nächsten Arbeitsschritt werden die unerwünschten Nebentriebe, die „Geeze“ (Geize), herausgebrochen. So wie Tomatengärtner das auch tun. Wobei wir Geize nicht „brechen“, sondern „plécke“ (pflücken). „Plécke“ ist überhaupt ein spannendes Wort: Es ersetzt nicht nur im Weinberg das hochdeutsche Wort „brechen“. Auch Bleistifte können bei angestrengtem Schreiben „durchpflücken“ und Antennen in der Waschstraße „abpflücken“.

Im Sommer werden die Triebe, die über den Weinbergspfahl hinauswachsen, „gegippelt“. So kann der Winzer auch „gipfeln“, wenn er in flachen Lagen arbeitet und keinen Berg besteigt.

Im Herbst endlich werden die Trauben „gelässe“ (gelesen). Früher gab es danach noch einen letzten Arbeitsschritt, das „Klänne“. Mit dem Verb „klänne“, verwandt mit dem französischen „glaner“ (nachlesen), war das Einsammeln der hängen gebliebenen Trauben gemeint. Unserem Gast aus Kanada blieben diese Feinheiten unserer Mundart leider verschlossen. Dafür schmeckte ihm der Riesling vom Neefer Frauenberg umso besser!

Lektion 30

HOBBOCK, BULLDOG UND GRUBBER: ENGLISCHE WÖRTER IM MOSELFRÄNKISCHEN WEINVOKABULAR

Letztens ist es mir wieder passiert: Ich habe ein „hochdeutsches" Wort ganz selbstverständlich benutzt und damit ein Fragezeichen im Gesicht meines nicht-moselfränkischen Gegenübers ausgelöst. Was war passiert? Nun, ich hatte nur ganz unverfänglich vorgeschlagen, die gerade gekauften Himbeerpflanzen in einen „Hobbock" zu stellen und in den Garten zu transportieren.

„Hobbock" hört sich zwar an wie ein Fabelwesen aus einem Fantasy-Roman, aber in meinem Heimatdorf St. Aldegund bezeichnet man damit schlicht eine Weinkiste aus Holz. Und Hobbock klang für mich auch ziemlich hochdeutsch.

Klassischerweise sind die Hobbocks mit einem etwas altertümlich anmutenden Werbeslogan dekoriert: „Wein schenkt Freude" oder „Wein aus deutschen Landen". Ordentlich angeordnet können in einer Kiste 15 Flaschen liegend sicher transportiert werden. Die Hobbocks selbst sind zu wackelfreien Türmen stapelbar. Also ein praktischer Gegenstand mit einem praktischen Namen!

Doch der Hobbock taucht im Wörterbuch der Winzersprache nicht auf. Vermutlich weil er zu „modern" ist oder weil der Begriff außerhalb von St. Aldegund kaum verbreitet ist. Trotzdem – mir fehlt das Wort zwischen den anderen typisch moselfränkischen Begriffen aus dem Weinbau: „Bäschoff" (Rückentraggefäß für Trauben), „Term" (Grenzzeile im Weinberg), „Sang"

(Pilzkrankheit des Weinstocks), „Geschäanner“ (Blütenstand der Rebe), „Flubbes“ (minderwertiger Alltagswein), „Stóppel“ (Korken) und vielen anderen.

Überraschenderweise kennt der Duden den Hobbock als Gefahrgutverpackung für Fette und Farben und leitet den Begriff von dem englischen Firmennamen „Hubbuck“ her. Wie das Wort von einem Metalleimer mit seitlichen Griffen zu meiner hölzernen Weinkiste gekommen ist, bleibt für mich höchst rätselhaft.

Doch auch andere Weinbaubegriffe in unserer Region tragen unvermutet englische Namen. Das Gerät zum Auflockern der Erde im Wingert, der Grubber, stammt von dem englischen Wort „grub“ (graben). Und der Bulldog, unser Wort für Traktor, geht auf den englischen Namen eines Schleppers der Firma Lanz zurück, der bis in die 1950er Jahre verkauft wurde. Der Motor soll einer Bulldogge wie aus dem Gesicht geschnitten gewesen sein.

Wie Sie sehen, ist die Mosel nicht erst seit dem Aufschwung des Tourismus international! Wer weiß, vielleicht erobern schon bald niederländische Wörter unsere Wingerte und Weinkeller.

Lektion 31

FRACKING HAT NICHTS MIT FRECKEN ZU TUN

In der Sprache – wie im Leben – leiten einen falsche Freunde zuweilen gehörig in die Irre. Missverständnisse und ratlose Gesichter sind dann oft die Folge. Aber was sind überhaupt falsche Freunde in einer Sprache? In der Sprachwissenschaft bezeichnet man damit Wörter aus verwandten oder benachbarten Sprachen, die ähnlich aussehen oder sich ähnlich anhören, die aber verschiedene Bedeutung haben. Für uns Deutsche sieht beispielsweise das englische Wort „become" wie das Deutsche „bekommen" aus. „Become" hat aber gar nichts mit bekommen zu tun, sondern bedeutet „werden". Sollten Sie also mal zu einem Tee bei Ihren neuen englischen Nachbarn eingeladen werden, dürfen Sie auf keinen Fall sagen: „Can I become a piece of cake?" Damit würden Sie garantiert fragende Blicke ernten.

Als mich kürzlich in Paris ein Freund besuchte, guckte er ganz irritiert, als er in der Metrostation aufgefordert wurde, seine Fahrkarte zu kompostieren. Er las auf dem Hinweisschild „composter" – was aussieht wie „kompostieren", aber bloß „entwerten" heißt.

Einer der schönsten falschen Freunde zwischen Deutsch und Niederländisch ist „bellen": Während wir damit die Laute von Hunden meinen, heißt es im Niederländischen „klingeln" oder „anrufen" – und dies wird vornehmlich von Menschen betrieben.

Warum erzähle ich Ihnen das alles? Schließlich geht es an dieser Stelle doch um unseren moselfränkischen Dialekt. Ganz einfach – falsche Freunde schleichen sich

auch zwischen Platt und Hochdeutsch ein. Der Dialektunkundige erschrickt, wenn die Nachbarn ankündigen, im nächsten Monat zu „plündern“. Doch keine Angst – beim Verb „plündern“ (in St. Aldegund „plinnere“ ausgesprochen) handelt es sich nicht um einen Raubzug, sondern nur um einen harmlosen Umzug. Wenn ein Moselfranke einen „Kranen“ braucht, dann besorgt er sich nicht – wie man als Zugezogener vielleicht meinen könnte – ein Riesengerät zum Heben von Lasten, also einen Kran, sondern einfach nur einen Wasserhahn.

Umgekehrt können Dialektsprecher ihre regionalen Wörter schon einmal mit falschen Freunden im Hochdeutschen verbinden. Das heute rar gewordene Wort „Gallier“ für Hosenträger hat nichts – wie manchmal vermutet – mit unseren französischen Nachbarn oder gar mit Asterix und Obelix zu tun. Übrigens: Obelix trug gar keine Hosenträger, sondern zog sich seine Hose immer bis unter die Arme. Tatsächlich ist das Wort „Gallier“ mit dem Galgen verwandt. Wie die Verurteilten an einem „Gallie“, oder mehreren „Gallier“ hängen, baumelt die Hose an den Hosenträgern von den Schultern. Oder spannt sich, die nötige Leibesfülle vorausgesetzt, über den Bauch.

Also: Lassen Sie sich nicht von Ähnlichkeiten in der Aussprache auf die falsche Fährte locken. Zugegeben: Dies ist leichter gesagt als getan. War Ihre erste Assoziation beim noch recht jungen Wort „Fracking“ (wie die Öl- und Gasförderung durch Aufbrechen von Gestein bezeichnet wird) nicht auch, dass es mit Moselfränkisch „frecken“ (kaputt gehen) verwandt sein könnte?

Lektion 32

DIE MOSELFRANKEN TUN SICH TÄGLICH ETWAS AN UND LEBEN TROTZDEM WEITER

Ich stand kürzlich an einem kühlen Morgen auf meiner Terrasse beim Wäsche aufhängen, als ich meine Nachbarin ihrem Mann – der gerade mit dem Enkelsohn das Haus verließ – hinterherrufen hörte: „Tu dem Kind etwas an!" Ich zuckte zusammen. Oje, sollte ich da vielleicht Zeuge eines Aufrufs zu einem Kapitalverbrechen geworden sein?

Ich kann Sie sofort beruhigen. Die Aufforderung meiner Nachbarin war kein Ausdruck krimineller Energie. Im Gegenteil! Sie war ein Ausdruck von Fürsorge, da in unserer Region antun für „anziehen" verwendet wird. Der Mann sollte dem Jungen in die Jacke helfen. Wenn sich bei uns jemand etwas „antut", dann ist er meist nicht lebensmüde, sondern ihm ist einfach nur kalt, und er streift sich ein Kleidungsstück über. Wird es dann wieder wärmer, kann er seine Jacke auch wieder „austun", also ausziehen.

Jemandem, der lange Arme macht, um mit seinen weitsichtigen Augen noch eine kleine Schrift entziffern zu können, gibt man den Rat: „Doo dir äas däin Préll óff!" Man sagt ihm also, er solle sich seine Brille „auftun", das heißt aufsetzen. Hat er zu Ende gelesen, kann er dann die Brille ruhig wieder „òòfdoo", also wörtlich „abtun", für Hochdeutsch „absetzen". Damit er sich nicht aus Versehen auf seine Brille draufsetzt, sollte er sie nach Gebrauch „danne doo", wörtlich: „dannen tun", also wegräumen und ordentlich verwahren. Unsere Verwendung des Verbs „tun" in Kombination mit

„an“, „aus“, „auf“ und „ab“ ist für hochdeutsche Ohren ziemlich gewöhnungsbedürftig.

In Ausdrücken von Möglichkeiten und Wünschen verwendet das Moselfränkische „tun“ außerdem anstelle von „werden“, oder genauer gesagt: Wir nehmen lieber „täte“ statt „würde“. Wenn ich mehr Zeit hätte, „täte“ ich mir jetzt gerne noch einen zweiten Frühstückskaffee genehmigen. Und Sie „täten“ vielleicht jetzt gerne in Ruhe dieses Buch zu Ende lesen, wenn Sie nicht noch einkaufen gehen müssten.

Nicht nur beim Garderobenwechsel und beim Gespräch über Eventualitäten kommt das Verb „tun“ bei uns vermehrt zum Einsatz. Es hat auch seinen festen Platz in der Sprache mancher Erwachsener mit ihren Kleinkindern. „Tun“ wird in der Kindersprache häufig als Begleitverb gebraucht und lässt Kindergärtnerinnen und Lehrerinnen aufstöhnen. Mancher Sprecher tut mit seinen Kindern zu Abend essen und tut ihnen Apfelsaft einschenken. Und sicher haben Sie schon ältere Verwandte zu Ihrem Sohnemann sagen hören: „Kleiner Mann, tu der Tante mal ein Händchen geben!“

So, ich tue jetzt mal diese Lektion abschließen und tue mich in die Büroarbeit stürzen. Ihnen auch „Frohes Tun“ oder lieber „Frohes Schaffen“, es sei denn Sie hätten für heute schon genug getan.

Lektion 33

WENN DAS HOCHAMT UNTER DER FRÜHMESSE HERAUSSCHAUT

Meine Großmutter verließ ihre vertraute dörfliche Umgebung kaum. Wenn sie aber mal bei Ausflügen an unbekannte Orte kam, rief sie: „Lee honnisch óch noch käa Pinn verloar." Also: Hier habe ich auch noch keine Pinne verloren. Ein Ausruf, der für uns Kinder ziemlich rätselhaft war. Kannten wir doch das Wort „Pinne" für Nägelchen nicht. Außerdem: Genagelte Schuhe, denen das Nägelchen verloren ging, hatten wir nie gesehen. Sie waren verschwunden, doch das Wort „Pinne" hatte in der Redensart überlebt.

Verlorene Schuhnägelchen sind in unserer Region übrigens nicht nur für Sprachwissenschaftler aufschlussreich. Kürzlich förderten Ausgrabungen im Hunsrück, genauer gesagt in Hermeskeil, einige stark verrostete Schuhnägel zutage, die römische Legionäre vor mehr als 2000 Jahren verloren hatten. Die Archäologen konnten sie auf die Zeit des Gallischen Krieges datieren. So bestätigten sie, dass das in Hermeskeil entdeckte römische Militärlager schon im Jahre 51 oder 53 vor Christus bestanden haben musste. Damit ist es das Älteste überhaupt auf deutschem Boden. Ja, all das wüssten wir nicht, wenn die Römer damals keine Schuhe mit Pinnen getragen hätten.

Nun aber wieder zurück zu den sprachlichen Eigenheiten in den Kleider- und Schuhschränken zwischen Eifel und Hunsrück. Da wir bereits bei den Schuhen sind, können wir gleich einen Blick auf die Schnürsenkel werfen. Sie werden in unserer Region oft „Schuhriemen“ genannt. Der Begriff Riemen deutet darauf hin, dass die Schnürsenkel früher oft aus Leder gefertigt wurden. Aber auch „Schuhbändel“ ist verbreitet, wobei sich „Bändel“, meist „Bännel“ ausgesprochen, von „Band“ ableitet. Im Moselfränkischen des Saarlandes und des südlichen Hunsrücks werden die Schnürsenkel als „Schuhnestel“ bezeichnet.

Die Schuhe, die wir an den Händen tragen, sind bei uns „Händsche“. Der Wortteil „-schuh“ ist hier durch vielseitigen Gebrauch zu einem knappen „-sche“ verkümmert. Wenn den Handschuhen die Finger fehlen, dann werden sie zu „Stooche“ (Stauchen).

Überall im Moselfränkischen wird die Hose zur „Buckse“, oder in der Aussprache meines Dorfes zur „Bócks“. Ganz egal ob „lang Bócks“, „kótz Bócks“, „Innerbócks“ oder – im Unglücksfall – „naas Bócks“ – gegen unsere moselfränkische „Bócks“ kommt die hochdeutsche Hose in der Alltagssprache der meisten Sprecher nicht an. Sie findet sich auch in zusammengesetzten Wörtern: Die Hosentasche ist entweder eine „Bócksetasch“ oder im Platt der älteren Generation ein „Bócksesack“ – auch wenn sie gar keine sackartige Größe hat. Das Stofftuch zum Naseputzen, obwohl langsam aussterbend, ist für viele auch heute noch ein „Sackdooch“.

Interessanterweise sind schon früh Lehnwörter aus dem Englischen in den Dialekt unserer Vorfahren gelangt. Schon meine Großmutter sprach ganz selbstverständlich – wie wir heute – von einem „Ploover“. Der hochdeutsche Pullover stammt vom englischen Verb „pull over“ (überziehen) ab. Auch „Pullunder“ für Oberteile ohne Ärmel – wir würden vermutlich sagen: ohne „Arme“ – ist englischen Ursprungs. Man entdeckt darin „pull under“ (unterziehen). Pullunder kennen die Engländer selbst übrigens gar nicht – wie Beamer und Handy ist das Wort ein von Deutschen geschaffener, pseudoenglischer Begriff.

Doch nun wieder zurück zu unserem Platt. Nicht immer ist die Kleidung so adrett, wie man sie gerne hätte. Und auch dafür stellt der Dialekt ein eigenes Vokabular zur Verfügung. Die Bluse ist „verkrumpelt“, und es fehlen zwei „Knäpp“ (Knöpfe). Die Hose hat „Läscher“ (Löcher), oder noch schlimmer: einen richtigen „Fatze“, womit ein großer Riss gemeint ist. Beim Mittagessen hat man sich bekleckert und nun sind rote „Placke“ (Flecken) auf dem Hemd. Das Töchterchen ist im letzten Jahr in die Höhe geschossen, und seine Hosen haben „Hochwasser“.

Die schönste regionale Redewendung zu Kleidungsmissgeschicken will ich Ihnen nicht vorenthalten. Sie stammt aus dem Reiler Wörterbuch von Rudolf Hochscheid und ist einfach herrlich. Wenn der Unterrock aus Versehen unter dem Rock hervorschaut, dann guckt in Reil „die Huumess inna da Freemess rous“ (das Hochamt schaut unter der Frühmesse heraus).

Lektion 34

MOSELFRÄNKISCHE GROSSMÜTTER BEHERRSCHEN DAS RAPPEN

Mein Sohn saß wieder einmal ganz in seinen Computer vertieft da; Fragen und Arbeitsaufträge erreichten ihn nicht. Seufzend entfuhr es mir: „Du hörst heute wie ein Backofen!" Dass der „Backowwe" im moselfränkischen Haushalt keine Ohren hat, verwundert nicht weiter. Aber ansonsten ist die Küche zwischen Eifel und Hunsrück ein Ort voller Merkwürdigkeiten und wunderlicher Instrumente. Da wird ohne Besen „gefegt", ohne Musik und Mikrofon „gerappt" und ohne Klappern „gekläppert". Habe ich Sie verwirrt? Dann lassen Sie mich etwas weiter ausholen.

Nehmen wir an, ich wollte „Krómbereschnittscher" (Reibekuchen) machen. Es soll also mal nicht nur schnell was Kleines „gebrutschelt", sondern richtig gekocht werden. Dafür geht es den „Krómbere" (Grundbirnen) an die Pelle – ihre braune Schale muss runter: Die Kartoffeln werden „geschéllt" (geschält). Sie können aber ebenso gut mit einem „Fäächmesser" – einem kleinen Küchenmesser – „gefäächt" (gefegt) werden. Was das für die Kartoffeln einen Unterschied macht? Überhaupt keinen – ihre schützende Hülle werden sie in beiden Fällen auf gleiche Weise los. Wir Moselaner fegen also die Kartoffeln und „kärre" (kehren) danach die Küche, falls Schalen auf den Boden gefallen sind.

Nach dem Fegen geht's für die Kartoffeln zum Rappen. Das wiederum hat nichts mit Musik zu tun und bezieht sich nicht auf den Sprechgesang der Köchin, sondern bedeutet einfach, dass die Kartoffeln auf einer

„Rapp“, also der Reibe, zerrieben werden. Die geriebenen Kartoffeln werden in einem Tuch ausgedrückt, gewürzt und in Öl ausgebacken. Moment! Fast hätte ich die „gekläpperten“ Eier vergessen. Kläppern steht in unserer Region für das Verquirlen von Eiern mit einer Gabel.

Zu „Krómbereschnittscher“ gehörte bei meiner Großmutter immer Bohnensuppe. Dafür müssen – unter anderem – Stangenbohnen „geschléppt“ werden. „Buune schléppe“ bedeutet, dass man die Spitzen der Bohnen entfernt und dann die Seitenfasern abzieht. Danach geht es ans „Schnéppele“. Wenn man viel klein zu schneiden hat, schnippelt man sich schon mal zum „Äppelkärfje“ (Apfelkörbchen), das heißt: Man schnippelt sich einen Ast oder gar zu Tode.

Steht dann das Essen endlich auf dem Tisch, heißt es: „Schäppt eech!“ Wörtlich bedeutet dies „Schöpft Euch!“ und ist als Aufforderung gemeint, sich zu bedienen. Im Falle der Bohnensuppe greift man dann zum „Schäpper“, also dem „Schöpfer“ (Schöpflöffel). „Schöpfen“ und „fegen“ sind schöne Beispiele dafür, dass wir zwar die meisten Wörter mit dem Hochdeutschen teilen, es jedoch manchmal kleine, aber feine Bedeutungsunterschiede gibt.

Meinen Großeltern war es früher sehr wichtig, dass das Essen um Punkt zwölf serviert wurde. So wichtig, dass mein Großvater zu sagen pflegte: „Om zwöllef Uhr gét gäss, ob gekocht äss órrer nét!“ Ich hoffe mal, dass bei Ihnen heute zur Mittagszeit was Leckeres auf dem Tisch kommt. Vielleicht haben Sie Glück, und es gibt „Krómbereschnittscher“ in der Kantine.

Lektion 35

EINE KLOTTE PERSON SCHNUCKELT NICHT ALLE ARTEN VON SÜSSIGKEITEN

Gibt es in Ihrer Familie auch jemanden, der beim Essen ganz besonders pingelig ist? Der die Speckwürfel aus der Bohnensuppe und die Petersilienstiele aus dem Möhrengemüse fischt? Der jedes Fitzelchen Speck am Kotelett abschnippelt und am Tellerrand anhäuft? Oder der immer lustlos im Rosenkohl, im Spinat oder in sonstigem Grünzeug herumstochert? Solch eine wählerische Person gilt in St. Aldegund als „klott“ oder „kliemschisch“. Andernorts ist er „schnääkisch“, „schlouchisch“ oder „kriedelisch“. Für diese Rosinenpickerei beim Essen fehlt eine wirkliche hochdeutsche Entsprechung. Und somit zeigt sich wieder einmal, dass unser Platt manches viel treffender und kompakter ausdrücken kann als das Schriftdeutsch.

Auch für das Naschen von Schokolade, Zuckersteinchen und Gummibärchen gibt es zwischen Eifel und Hunsrück ein prägnantes Wort, nämlich „schnuckele“. Und alles, was man schnuckelt heißt bei uns – logischerweise – „Geschnuckels“ (Süßigkeiten). An der Obermosel, in der westlichen Eifel und im Hochwald können moselfränkische Leckermäuler statt „schnuckele“ auch „schnääke“ – was in der Kalorienbilanz natürlich keinen Unterschied macht. Packt einen der Heißhunger auf was Süßes, ist nur wichtig, dass „ebbes ze schnuckele“ im Schrank ist.

Unterhalb der St.-Severus-Kirche in Boppard am Rhein gab es früher ein Süßigkeitenlädchen, in dem alle Kinder auf dem Schulweg gerne vorbeischauten. Nachdem die überaus kinderliebe Besitzerin des Ladens, Else Heimburger, gestorben war, setzte man ihr ein Denkmal. Seitdem ist die Bronzestatue vom „Schnuckel-Elsje“ in Boppard zu besichtigen.

Geschnuckels ersetzt natürlich keine Mahlzeit, also wird – oder eher „gét“ (gibt) – mittags „goat gäss“ (gut gegessen), gefuttert, gespachtelt, geachelt oder „gewamscht“ (mit großem Appetit gegessen). Isst jemand wie ein Scheunendrescher, so haut er rein wie früher die Landarbeiter, die nach der anstrengenden Arbeit des Dreschens mächtig Kohldampf hatten. Mancher, der sich den Mund zu voll stopft, läuft Gefahr, nicht mehr die „Kier“ (Kehre) zu kriegen. Oder sich Hemd und Schlips zu „versoodele“ (versaudeln), also sich zu bekleckern. Manchmal straft der Herr zu gieriges Essen und Trinken dann mit einem „Schlicks“ (Schluckauf) oder in manchen Orten mit einem „Schluckser“.

Fürsorgliche Eltern „däatsche“ (tatschen) ihrem Kleinkind das weiche Essen, das heißt, sie zerdrücken es mit der Gabel. Fleisch und Brot schneiden sie in „Miffelscher“, damit beides besser ins Mündchen des Sprösslings passt. Das „Miffelsche“ ist die Verkleinerungsform von Muffel, einem Bissen oder Happen.

Ich selbst frühstücke jetzt erst einmal ordentlich. Oje, aus dem Nutellaglas starrt mich gähnende Leere an! Da hat wohl mal wieder jemand geschnuckelt...

Lektion 36

DIE MOSELFRANKEN ARBEITEN NICHT, SIE SCHAFFEN

An grauen Herbsttagen verschwand mein Großvater oft. Wohin? Nun, in seine kleine Werkstatt, wo er dann „bosselte". Er sägte, drechselte und leimte allerlei kleine Holzarbeiten. Nur zu den Mahlzeiten tauchte mein Opa im Haus auf. Das moselfränkische Bosseln hat nur am Rande mit wirklicher Arbeit zu tun. Es ist eher ein Ausdruck der stillen Freude, etwas mit seinen Händen fertigzubringen. Arbeiten kann man zusammen, aber bosseln tut jeder für sich allein.

Für alles, was mit Arbeit zu tun hat, gibt es zwischen Eifel und Hunsrück noch viele andere ausdrucksstarke Wörter. Man kann, wie im Hochdeutschen, an etwas „déftele" (tüfteln). In unserer Umgangssprache kann außerdem „gefriemelt", „gefrickelt" und „gefutschelt" werden – allesamt eher wenig schmeichelhafte Bezeichnungen für feinmotorische Arbeiten, denen eine zweifelhafte Qualität anhaftet. Im Saarland, das in großen Teilen ja auch zum moselfränkischen Sprachgebiet gehört, wird außerdem gerne „geknaubt".

In einer kleinen Region an der Mittelmosel zwischen Pünderich und Senheim „gorrert" man. Als meine verstorbene Großmutter schon alt war und nicht mehr wirklich arbeiten konnte, blieb ihr nur noch das „Gorrern", also das Erledigen von Kleinigkeiten im Haushalt und Garten.

Muss man schwer schuften, dann „plòòcht" (plagt) man sich bei uns. Wächst einem die Arbeit über den Kopf, kommt man schon mal ins Seufzen über den

„Prassel“ und den „Huddel“. Müssen wir uns dann auch noch unnötig große Umstände machen, beklagen wir uns über den unverhältnismäßigen „Ambraasch“. Wir jammern dann zweisprachig: „Ambraasch“ ist – wie viele Wörter im Moselfränkischen – französischen Ursprungs. Es stammt von „embarras“, dem Bedrängnis.

In unserer Gegend finden sich außerdem Wörter für das grobmotorische Arbeiten mit zweifelhaftem Ergebnis. Sieht man, dass der Nachbar unsinnig mit einer vermutlich sogar stumpfen Axt rumhantiert, packt man sich an den Kopf und ruft über den Zaun: „Was fuhrwerkst du denn da?“ Arbeitet jemand planlos, eher mit Kraft statt Verstand an der Reparatur eines Gerätes, und droht er mehr kaputt als ganz zu machen, bittet man ihn: „Hör auf, an dem Ding rumzuorgeln!“ Wurde irgendwo etwas schnell und nur oberflächlich erledigt, sagt man sich: Da hat wohl jemand „gehourert“ (gehaudert). Sowohl „fuhrwerken“ als auch „haudern“ gehen auf Wörter zurück, die sich auf das Fahren von Gespannen beziehen. „Fuhrwerker“ und „Hauderer“ waren früher Fuhrunternehmer – bis sich die Bedeutung der Wörter von „fahren“ zu „arbeiten“ verschob.

Zum Schluss noch ein Blick auf das Wort „arbeiten“ selbst: Wir können es in unserer Gegend zwar regional als „arwete“ aussprechen, verwenden es aber selten. Die Moselfranken arbeiten nicht, sondern sie „schaffen“! Schaffen passt zu jeder Art von Tätigkeit. Egal ob man bei körperlich schwerer Arbeit in der sommerlichen Hitze rackert. Oder ob man den Tag eher sitzend, denkend und tippend bei Neonlicht verbringt. Sowohl der moselfränkische Straßenbauarbeiter als auch der moselfränkische Büromensch gehen allmorgendlich schaffen.

Dabei deckt sich unsere regionale Verwendung des Wortes „schaffen“ ganz und gar nicht mit der des Hochdeutschen. Wenn man in der Standardsprache etwas schafft, dann hat man etwas bewältigt. Etwa den Berg Spaghetti, den sich der Junior auf den Teller gehäuft hat. „Bist du sicher, dass Du das schaffst?“, fragt die besorgte, Hochdeutsch sprechende Mutter. Zwischen Eifel und Hunsrück würden wir in dieser Situation eher wissen wollen, ob das Kind das ganze Essen überhaupt „packt“. Sie haben es nun gepackt, diese Lektion bis zum Ende durchzuarbeiten – hoffentlich ohne zwischendurch gehaudert zu haben!

Lektion 37

WARUM ES AN DER MOSEL KEINE BABYS, ABER RICHTIGE PÄNZ GIBT

Als ich kürzlich erfuhr, dass eine Arbeitskollegin ein Baby erwartet, wurde mir bewusst: An der Mosel gibt's ja gar keine Babys! Na ja, natürlich werden auch bei uns Kinder geboren, aber sie werden nicht „Baby" genannt. Meine Großmutter sagte einfach nur „Kindsche". War eine Frau schwanger, dann kriegte sie ein Kindchen. Sie war dann in guter Hoffnung, in anderen Umständen oder einfach nur in Umständen. Man vermied es also „richtheraus" zu sagen, was mit der Frau los war.

Unseren Mundarten fehlt auch das Verb „stillen". Mütter gaben Kindern einfach die Brust. Und da Babys beim besten Willen nicht den ganzen Tag an der Brust nuckeln können, gibt man ihnen ersatzweise einen Schnuller. Bei uns heißt dieses Wunderding meist „Lupper". Um den Hals bindet man dem Kleinen ein „Sélllätzje". „Sélle" (sillen) ist ein bemerkenswertes Wort im Moselfränkischen. Es bezeichnet das langsame Herausfließen des Speichels bei Kleinkindern. Die hochdeutsche Entsprechung ist „sabbern", was viel negativer als unser „sélle" klingt, oder? Wenn Sie das Moselfränkische mit der Muttermilch eingesogen haben, dann achten Sie bei der Aussprache von „sélle" auch einmal auf das lang anhaltende „l". Es ist ein Laut, der im Hochdeutschen unbekannt ist!

Ist ein Säugling wohlgenährt, dann ist er „mukkelisch". Und was dem Hochdeutschen sein Pummelchen, ist dem Moselfranken sein „Muckelsche", das er stolz im „Scheeswäänsche“ (Kinderwagen) durchs Dorf fährt. Wenn es dann anfängt zu weinen, wird es „geschuckelt“, also gewiegt (nicht gewogen!).

Wenn von einem Neugeborenen der Name noch unbekannt war, nannte mein Großvater das Kindchen übrigens „Hääpestillsche“. Die „Hääp“ ist ein langes, sichelartiges Haumesser. Zusammen mit seinem kurzen Stiel, dem „Stillsche“, ist sie ungefähr so lang wie ein Neugeborenes. Wie weit dieser merkwürdige Ersatzname für noch namenlose Babys verbreitet ist, kann ich nicht sagen. Aus Dill auf dem Hunsrück wurde mir jedoch ein ähnlicher Begriff zugesandt. Dort nannte man Neugeborene „Pfannenstielchen“.

Als Ausdruck tiefer Zuneigung bezeichnet man auf dem Hunsrück – beispielsweise in Altweidelbach – von alters her Mädchen als „Maadsche“ (kleine Magd) und Jungen als „Knäschtsche“ (kleiner Knecht).

Ich muss Sie auf noch etwas Interessantes aufmerksam machen. Bei uns wandeln sich die Kinder von Dorf zu Dorf. Das „i“ darin wird zu „ö“, „u“, „ä“, „o“ oder „a“ – es macht also die ganze Reihe der Vokale durch. In Ulmen sind Kinder „Könner“. Bewegt man sich wenige Kilometer weiter in die Vulkaneifel, spielen dort „Kunner“ (Schalkenmehren) auf der Straße. In Gillenbeuren sind die kleinen Menschen „Konner“. Meine Schulfreunde aus Binsfeld waren „Kanner“, in St. Aldegund sagen wir „Känner“. Auf dem Hunsrück jedoch nennt man sie „Kinner“.

Bei uns gibt es unzählige Bezeichnungen für freche und aufgeweckte Kinder. Ein kleines Mädchen kann man in unserer Region beispielsweise als „Krott“ (Kröte), „Krotz“ (Apfelbutzen) oder „Knéttel“. Aus Pünderich wurde mir der Begriff „Bunzel“ zugetragen. Kleine Burschen nennt man oft „Lousert“ (Lausert) oder „Freckert“. Als Eltern in Vor-Computer-Zeiten noch gerne sittsame Kinder hatten, die zu Hause blieben, hieß ein Mädchen, das sich dauernd auf der Straße rumtrieb und im Freien spielte, noch „Flander“ oder „Bässem“ (Besen). Ja, und manche Leute haben richtige „Pänz“. Früher war damit Nachwuchs gemeint, der nicht ganz so wohl geraten war. Inzwischen hat sich „Pänz“ jedoch zu einem ganz neutralen, keineswegs mehr abwertenden Wort für Kinder entwickelt. Man kann also seine Nachbarin bitten, doch ruhig beim nächsten Besuch außer dem „Quetschekooche“ auch die Pänz mitzubringen.

Lektion 38

EIN STÜCK KANN GRÖSSER SEIN ALS EIN GANZER APFEL

Als die „Pänz“ aus der Nachbarschaft – Sie erinnern sich an die vorangegangene Lektion – am Wochenende über den „Quetschekooche“ hergefallen waren, blieb für mich nur noch ein trauriges „Stéck“ übrig. Das brachte mich ins Grübeln – nein, nicht über den gesunden Appetit junger Menschen, sondern über unser moselfränkisches Wort „Stéck“. In dem unscheinbaren „Stéck“ steckt nämlich ganz schön viel drin – rein sprachlich gesehen. Zunächst einmal ist ein „Stéck“ ein Teil von einem Ganzen – etwa ein Stück von meinem leckeren Kuchen. Bis hierhin scheint alles ganz einfach. Doch ein „Äppelstéck“ kann nicht nur ein Teil eines Apfels sein, sondern auch eine Parzelle mit Apfelbäumen. Damit nicht genug: Während die meisten unserer Leser in die „Schmeer“ oder „Schmier“ beißen, nimmt man sich in manchen Ecken des Hunsrücks und der Eifel – beispielsweise in Müllenbach – ein „Stéck“ mit auf die Arbeit. Nicht gegessene und wieder heimgebrachte Butterbrote heißen dort „Hasestéck“ (Hasenbrot).

Unser Vielzweckwort „Stéck“ taugt noch zu viel mehr: Vieh wird in unserer Region in Stücken gezählt. So hat ein Bauer „fuffzisch Stéck Veeh“ im Stall. Und ist etwas „e stark Stéck“, dann ist es eine Zumutung oder ein Ereignis, über das man sich aufregt. Ein braves Kind kann dem Vater oder der Mutter sein „bäst Stéck“ sein. Wenn dieses beste Stück dann besonders ausgelassen ist und verrückte Dinge anstellt, dann entfährt es den Kopf schüttelnden Eltern schon mal: „Do bäss e Stéck Meewel!“ (Du bist ein Stück Möbel.) Bei Familienfeiern gibt mancher „Unkel“ gerne „Stéckelscher“ (Stückchen) von früher zum Besten, erzählt also Anekdoten aus der Vergangenheit.

Und zum guten Schluss ersetzt unser „Stéck“ das hochdeutsche Wort „ungefähr“. Das kommt Ihnen merkwürdig vor? Dann fragen Sie sich doch einmal, wie man „ungefähr“ oder „circa“ auf Platt ausdrücken könnte. Da fällt einem zuerst „im die“ (um die) ein: „Dat Mädsche es im die zwöllef Jòar.“ Ich vermute jedoch, dass auch in Ihrer Mundart das Wort „Stéckerer“ oder „Sticker“ zum Einsatz kommt. Kamen zur Generalversammlung des Musikvereins ungefähr 30 Mitglieder, waren „Stéckerer treesisch Läit“ da. Und kommt der Ehemann wieder einmal mit einem neuen

Paar Schuhe nach Hause, dann kann man schon mal stöhnen: „Do hoss doch schu Stéckerer zwansisch Pòar schwatze Schoo em Schrank!“ Natürlich sind ungefähr zwanzig Paar schwarze Schuhe – genau genommen – auch „en Häad“, also eine Herde Schuhe. Ob das nun viele oder gar zu viele Schuhe für einen Mann sind, ist nicht Gegenstand unserer sprachwissenschaftlichen Betrachtungen.

Lektion 39

WENN DER JACKE IN DIE BACH FÄLLT

Für Ausländer, die Deutsch lernen, sind „der", „die", „das" – man nennt diese Wörtchen „Artikel" – eine Qual. Jedes deutsche Hauptwort hat so einen Artikel und damit auch ein grammatisches Geschlecht. Die Gabel ist weiblich, der Löffel männlich und das Messer sächlich. Warum? Darum! Es ist einfach so und muss mühsam gepaukt werden. Einen Sinn dahinter zu suchen, bringt nichts.

Was Ausländer verwirrt, lässt auch moselfränkische Sprecher manchmal staunen. Denn es gibt einige Wörter, die in unserem Dialekt ein anderes Geschlecht haben als im Hochdeutschen. Bei uns kommt „dä Botter" (also „der" und nicht „die" Butter) auf den Frühstückstisch. Und vor meinem Elternhaus fließt „die Baach" (und nicht „der" Bach).

Früher waren solche Artikel-Wechsel-Dich-Wörter noch häufiger. Wenn meine Großmutter das Haus verließ, kontrollierte sie, ob „die Fister" (die Fenster) im Flur zu war, tat sich „dä Préll" (der Brille) auf, zog entweder „dä Jacke" (der Jacke) oder „dat West" (das Weste) an. Ach, maju!, als sie die Schuhe anziehen wollte, bemerkte sie, dass „die Strómp" (die Strumpf) ein Loch hatte. Wie Sie sehen, purzeln hier die Artikel ziemlich durcheinander.

Auch im Garten lässt sich die ein oder andere Geschlechtsumwandlung beobachten. Im Beet stehen „die Zlòat" (die Salat) und „dä Pittersé llisch" (der Petersilie) nebeneinander. Der Komposthaufen hieß bei uns „die

Mist“ und er stand in einem Ecke des Gartens. Einem Ecke? Ja, denn bei uns ist „dä Ecke“ männlich.

Zuhause ging man auf „dä Klo“ (der Klo). Auch das Dach des Hauses war männlich, also „dä Daach“. Dafür war der Schatten weiblich: „die Schäät“.

Doch es wird noch doller. Im Moselfränkischen haben die Hauptwörter nicht nur zuweilen ein anderes Geschlecht als im Hochdeutschen. Nein, bei uns sträubt sich der Artikel auch gegen Veränderungen im Satz. In der Schule lernt mein kleiner Neffe, dass es heißt: „Der“ Mann schimpft über „den“ Jungen. Wir sagen einfach, dass „dä Maan“ über „dä Jung“ schimpft. Moment! „Schimpfen“ müsste hier natürlich „schänne“ heißen. Wichtig ist aber festzuhalten: „Der“ oder „den“ – das ist bei uns einfach nur „dä“. Genauso wenig machen wir einen Unterschied zwischen „ein“ und „einen“. Folglich bestellen wir uns in unserer Alltagssprache nicht „einen Kaffee“, sondern kurz und knapp „ein Kaffee“.

Für die Grammatikfreunde unter Ihnen: Wir machen keinen Unterschied zwischen dem Wer- und dem Wen-Fall. Als wenn dem noch nicht genug wäre, kennt unser Dialekt auch kein „des". Der Kaffee „des" Kollegen ist stattdessen „dem" Kollegen sein Kaffee.

Diese Erklärungen mögen alle milde stimmen, denen die Lehrer früher in Schulaufsätzen zahlreiche Grammatikfehler angestrichen haben. Schuld war also nicht, dass man in der Schule nicht aufgepasst hatte – nein, Schuld war unser geliebtes Moselfränkisch. Bei Lichte betrachtet, waren wir alle eigentlich super in Deutsch.

Lektion 40

KÜSS MIR DIE KNÖPFE!

Wer gerne Comics liest, dem sind lautmalerische Ausrufe wie „autsch“, „ächz“ und „seufz“ wohlvertraut. Sie verleihen einem Comic erst den ganz eigenen sprachlichen Charakter und sind typisch für diese Literaturgattung. Solche knappen Ausrufe finden sich jedoch nicht nur in Comics, sondern auch in unserer Mundart. Ja, sie geben ihr vielfach erst die richtige Würze. Viele von diesen Wörtchen, die hier und da über die gesprochene Sprache gesprenkelt werden, sind heute jedoch selten geworden.

Die alten Frauen in unserer Nachbarschaft stießen früher ein „Uscha!“ aus, wenn der Tag mal wieder anstrengend war und sie sich müde in den Sessel fallen ließen. Mit einem einzigen Wort sagten sie: „Ich bin erschöpft.“

Hatte ein neugieriges Kleinkind von der Straße einen ausgespuckten Kaugummi aufgelesen, rief die Mutter angeekelt: „Bääkes!“ Und meinte damit: „Pfui, lass das fallen!“

Ein weiterer wichtiger Ein-Wort-Ausruf meiner Großmutter war das ganz kurz gesprochene „Däa!“. Eben hatte ihr Enkelkind noch das Marmeladenbrot auf der Hand balanciert. Jetzt lag es mit der schönen Seite nach unten auf dem Boden. Ein „Däa!“ war die spontanste Art, ihr Bedauern – manchmal auch ihre leichte Verärgerung – zu formulieren.

In unseren Mundarten spiegelt sich gerade bei den Ausrufen, mit denen wir unser Erstaunen oder Mitgefühl auszudrücken, unsere katholische Tradition wieder. Oft ist uns der religiöse Hintergrund solcher Ausdrücke jedoch gar nicht mehr bewusst. „Maju!“ ist so ein Ausruf, denn dahinter verbirgt sich eine Zusammenziehung aus Maria und Josef. Kommt noch eine dritte Heilige – Elisabeth – hinzu, wird daraus „Majusebetter!“. Früher waren außerdem noch „Mottersche hélf!“, „Mottergottesje!“ und „Leev Kréskinnsche!“ (Liebes Christkind) verbreitet.

Es gibt natürlich auch Ausrufe ganz ohne religiösen Hintergrund: Anstelle des hochdeutschen Begriffs „Mannomann“ verwenden wir eher „Jungejung“. Ist die Überraschung immens, darf es auch schon mal ein „Leck mich am Bässem!“ sein. Der bewundernde Ausruf „Mein lieber Scholli!“ geht übrigens auf das französische Wort „joli“ (hübsch) zurück.

In Flüchen beziehen sich die Moselfranken nicht auf die Heiligen, sondern auf die Naturgewalten, so in „Dunnerkeel!“, „Dunnerwerrer!“ oder gar „Kreezdunnerwerrer!“ (Kreuzdonnerwetter).

Wenn meinem Großvater der Geduldsfaden riss, was selten der Fall war, dann entfuhr ihm: „Késs mir die Knäpp!“ (Küss mir die Knöpfe) oder „Do kanns mir mòal der Nache däje!“ (Du kannst mir mal den Kahn schieben). So forderte er uns auf, ihm den Buckel runterzurutschen. Drohungen wurden in unserem Dorf mit „Klaav mir keen!“ (Glaube mir kühn) eingeleitet und mit einem drohenden Zeigefinger begleitet.

Zum Schluss noch eine Warnung: Vom wörtlichen Übertragen unserer moselfränkischen Ausrufe ins Hochdeutsche ist dringend abzuraten. Wir rufen zwar „Kappes!“, wenn uns jemand Unsinn erzählt, auf Hochdeutsch aber hätte der Ausruf „Kohl!“ nur aus dem Mund einer Marktfrau Sinn. Es muss auch vor direkten Übersetzungen in Fremdsprachen gewarnt werden: „Mein lieber Herr Gesangverein“ einfach in „My dear

Mister Singing Club“ umzuwandeln ist garantiert die unverständlichste Art, Erstaunen auf Englisch auszudrücken.

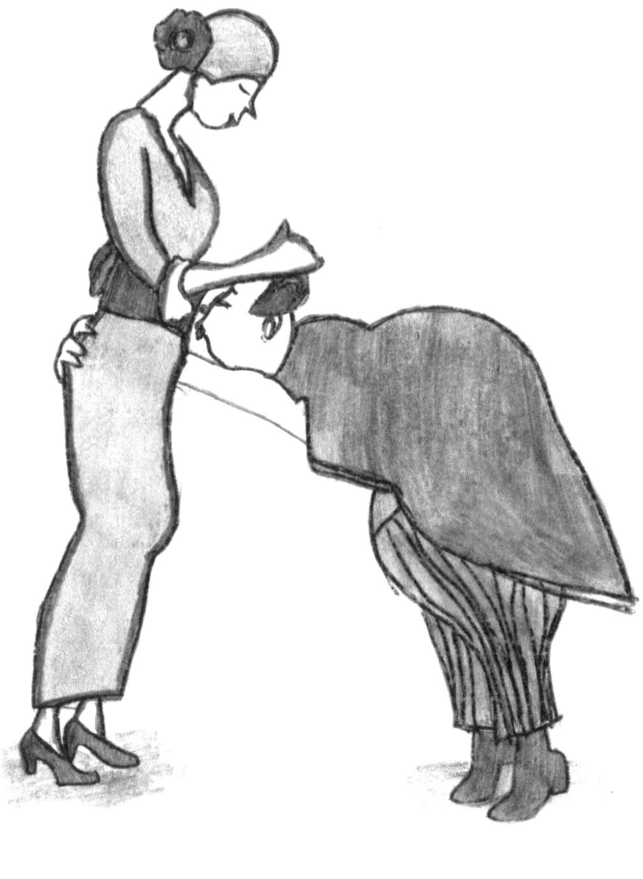

Lektion 41

HAAREULEN LEIDEN AN RAMPONIERTEN DAUERWELLEN

Meine Oma Ännchen legte Wert auf eine ordentliche Dauerwelle für ihre schlohweißen Haare. Hatten Wind und Wetter oder das natürliche Haarwachstum die Frisur nach einigen Wochen ramponiert, ging sie wieder zum Friseur. Sie wollte ja nicht wie eine „Hòòräil“, also eine „Haareule“, herumlaufen. Eulen haben zwar keine Haare, und ihre Frisur ist auch nach durchjagten Nächten noch perfekt, dennoch ist die „Haareule“ meine liebste moselfränkische Bezeichnung für Menschen mit schlecht frisiertem Haarschopf. Unziemliches Auftreten oder charakterliche Schwächen sind in unseren Mundarten eine unerschöpfliche Quelle von ausdrucksstarken und amüsanten Schimpfwörtern.

Zu den gerne verwendeten Ausdrücken in unserem Haushalt gehören der „Labbes“ für einen kleinen Gauner und der „Flabbes“ für einen großen Kerl, der sich wie ein Kleinkind benimmt. Ein launenhafter und widerspenstiger Mensch wird als „Treetròat“ (Dreidraht) bezeichnet. Sein Charakter ist so verdreht wie die drei Stränge eines starken Seils. Als „Tròansfoansel“ muss sich jemand titulieren lassen, der bei der Arbeit nicht so recht in die Gänge kommt. Also so wenig wegschafft, wie eine mit Tran gefüllte Öllampe (Funzel) Licht verbreitet.

Nicht wenige der Schimpfwörter unserer Region basieren auf Vornamen. Der „komische Heini“ leitet sich natürlich von „Heinrich“ ab. Der unhöfliche „Stóffel“ ist eine Verballhornung von „Christoph“. In meiner Großelterngeneration rief man einen Dummkopf noch „Itzik“. Dieser Begriff geht auf den hebräischen Vornamen „Isaak“ und dessen jiddische Variante „Itzik“ zurück. Er spiegelt die Ressentiments gegen jüdische Mitmenschen in früheren Zeiten wieder.

Weibliche Vornamen sind als Schimpfnamen nicht leicht zu finden. Mir fällt da nur „Thusnelda“ als Bezeichnung für eine dümmliche Frau ein. Thusnelda war eine germanische Fürstentochter aus der Römerzeit. Heinrich von Kleist machte sie zu einer der Hauptfiguren in seinem historischen Drama „Die Hermannsschlacht“. Von dort entwickelte sich der Vorname – vermutlich durch den Mund von Schülern – zu einem Schimpfwort. Davon abgeleitet ist wiederum die „Tussi“, eine etwas aus der Mode gekommene Kurzform von Thusnelda.

Der produktivste Schimpfname zwischen Mosel und Hunsrück ist eindeutig der „Pitter“ (Peter). Jemand der zuviel nörgelt (knäatelt), ist ein „Knäatelpitter“. Ein „Footelpitter“ betrügt beim Kartenspiel. Ein „Hampelpitter“ kann nicht ruhig sitzen. Ein „Mengpitter“ matscht gerne rum. Der „Knuuschterpitter“ ist ein Geizhals, und der „Schnésspitter“ (Schnauzen-Peter) quatscht zuviel dummes Zeug. Und will einem in einem Gespräch partout der Name einer Person nicht einfallen, dann spricht man halt vom „Dingspitter“.

Zum Schluss muss ich hier jedoch ausdrücklich sagen: Die meisten Peter, die ich kenne, sind ganz patente Kerle!

Lektion 42

UNSER TANNENBAUM: SCHWER KRUMM UND GANZ SCHÖN HÄSSLICH

Der Moselfranke an sich neigt ja nicht zu Übertreibungen. Aber manchmal müssen nüchterne Aussagen gesteigert werden – beispielsweise wenn die Kokosmakronen in der Weihnachtsbäckerei nicht nur ein bisschen dunkel, sondern sehr dunkel geworden sind. Verbrennt man sich auf dem Weihnachtsmarkt am Glühwein die Zunge, dann war das Getränk nicht nur heiß, sondern sehr heiß. Und in der Adventszeit herrscht in den Geschäften nicht nur viel, sondern sehr viel Gedränge.

Das Problem ist nur: Wie soll man sein Urteil verstärken, wenn der eigene Dialekt das Wörtchen „sehr" gar nicht kennt? Keine Sorge! Die Mundartsprecher wissen sich zu helfen und verfolgen ganz originelle Strategien.

Man behilft sich einerseits mit dem Wort „schwer". Dieses Wort ist in der Alltagssprache zwischen Eifel und Hunsrück vielseitig einsetzbar. Es drückt nicht nur aus, dass ein Gegenstand ein hohes Gewicht hat (schwerer Eimer) oder dass ein Problem diffizil und vertrackt ist (schwere Aufgabe). Das Wörtchen ist auch unser Ersatz für „sehr" oder „ziemlich".

Smartphones können – unabhängig von ihrem Gewicht – „schwer däjer" (ziemlich teuer) sein. Versinkt man in einer neuen Hose, dann ist sie „schwer kruuß", also ziemlich groß. Und ein rasch ansteigender Hang, ein sogenannter „Stich", kann „schwer gään" (ziemlich gegen) sein, wenn er ziemlich steil ist. Selbst vordergründig unlogische Ausdrücke können auf den zweiten

Blick sinnvoll sein: Wenn eine Tasche unerwarteterweise gar nicht so schwer ist wie vermutet, dann kann sie schon mal „schwer leescht“ (ziemlich leicht) sein.

Statt „schwer“ lässt sich außerdem „ganz schie“ (ganz schön) verwenden – auch wenn etwas unangenehm oder überhaupt nicht schön ist. Sobald es Mitte Dezember ist, muss ich mich mit dem Besorgen der Weihnachtsgeschenke „ganz schie dummele“, also ziemlich beeilen. Aber der weihnachtliche Glitzernippes, den man mancherorts angeboten bekommt, kann „ganz schie schròò“ (ganz schön hässlich) sein.

Auf dem Hunsrück ersetzt „meggalisch“ das hochdeutsche Wort „sehr“. In der Gegend zwischen Peterswald-Löffelscheid, Zilshausen, Kastellaun und Kirchberg sind Winternächte „meggalisch kalt“, aber unter dem Raureif ist die Landschaft morgens „meggalisch schie“. Der Ursprung von „meggalisch“ ist noch nicht ganz geklärt, aber man kann vermuten, dass es sich von „meggare“ (meckern) ableitet. Ich fände es auf jeden Fall „doll“, wenn es bald in hochdeutscher Übersetzung als „meckerlich“ in unseren Duden Einzug halten würde.

Als wären diese Ersetzungsstrategien für „sehr“ nicht genug, haben wir zuletzt auch noch das Wörtchen „arg“ – in Hunsrücker Aussprache: „aarisch“. Es ist noch weiter verbreitet als „meggalisch“ und reicht bis ins Saarland hinein. An der Mosel wird es – etwas unschön – „arsch“ ausgesprochen. Obwohl es seinen Ursprung in dem Wort „arg“ (schlimm) hat, kann „aarisch“ sowohl negative als auch positive Aussagen verstärken. Ein Christbaum kann auf dem Hunsrück „aarisch näälisch“ (sehr schmächtig) und ein ausgefallenes Geschenk „aarisch däja“ (sehr teuer) sein. Aber genauso gut kann man eine selbst gemachte Kleinigkeit und die Person, die diese gebastelt hat, „aarisch gäär“ (sehr gern) haben.

Ach, die alljährliche Vorweihnachtszeit ist „aarisch“ und „meggalisch“ schön, auch wenn sie manchmal schwer hektisch ist. Man darf sich in den überfüllten Kaufhäusern einfach nicht aus der Fassung bringen lassen, selbst wenn man sich über „Jingle Bells“, das in Endlosschleife aus den Lautsprechern tönt, kriminell ärgert. Verflixt!, „kriminell“ wäre ja auch noch ein Ersatzwort für „sehr“ gewesen.

Nachwort

MOSELFRÄNKISCH ALS NATIONALSPRACHE

Unser Platt ist eine fast ausschließlich gesprochene Sprache. Sie wird mündlich in der Familie und unter den Bewohnern desselben Dorfes verwendet. Geschriebenes gibt es in unserer Sprache kaum. Dies liegt daran, dass uns das Hochdeutsche viel flotter von der Hand geht – etwa wenn wir einem Familienmitglied einen Einkaufszettel schreiben. Wenn wir mehr und über die Dorfgrenzen hinweg auf Moselfränkisch schreiben wollten, gäbe es zwei Probleme: Es existiert kein Standardmoselfränkisch – jedes Dorf spricht ein bisschen anders. Und es gibt keine allgemeingültige Schreibweise für unseren Dialekt. So schreiben alle, die Texte und Wörter auf Platt notieren, dies so gut sie können – aber auf ganz unterschiedliche Weise.

Nur etwas mehr als eine Autostunde von uns entfernt gibt es jedoch ein kleines Land, in dem sich das Moselfränkische zu einer richtigen Nationalsprache gemausert hat: Luxemburg. Dort ist Moselfränkisch nicht nur mündliche Familien- und Dorfsprache geblieben, sondern vor einigen Jahrzehnten auch Sprache der Medien, der Schule und des Parlaments geworden, neben Französisch und Hochdeutsch.

Dafür war es nötig, kleinere mundartliche Unterschiede zu ignorieren und eine einheitlich und verbindliche Rechtschreibung für das Luxemburgische festzulegen. Für Laute, die es im Hochdeutschen nicht gibt, mussten Buchstaben erfunden werden. So wie das kurze hohe „é“, das wir auch im Kreis Cochem-Zell in

Wörtern wie „trécke(n)“ für „drücken“ und „bécke(n)“ für „bücken“ hören. Ein weiteres extra Zeichen, das „ë“, wurde im Luxemburgischen für einen besonderen Vokal eingeführt, der zwischen „e“ und „ö“ liegt.

Sie haben in diesem Buch schon öfters gelesen, dass sich in den Mundarten zwischen Eifel und Hunsrück alte französische Lehnwörter finden lassen – denken Sie beispielsweise an die „Krischel“ (Stachelbeere) und die „Kummer“ (Gurke). Durch die alltägliche Präsenz des Französischen im luxemburgischen Alltag ist der französische Einfluss auf die Sprache des Großherzogtums natürlich sehr viel größer als bei uns. Daher finden sich dort zahlreiche Wörter noch jüngeren Datums: Ein Lastwagen ist beispielsweise ein „Camion“, ein Kühlschrank ein „Frigo“ und ein Fahrrad ein „Vëlo“.

Davon abgesehen ist Luxemburgisch – oder: Lëtzebuergesch – unseren Mundarten in mancherlei Hinsicht jedoch näher als das Hochdeutsche. Woran kann man das erkennen?

Genau wie bei uns heißt es dort auf typisch moselfränkische Weise bei Ausdrücken des Besitzes „dem Emil säin Zant“ für „Emils Zahn“ und „dem Marc säin Handy“ für „Marcs Handy“.

Außerdem verwendet das Luxemburgische – wie wir Moselfranken diesseits der Grenze – „huelen“ (holen) für „nehmen“. So sagt man „Mir huelen de Bus fir op Esch“, also: Wir holen (und nicht: nehmen) den Bus nach Esch. Liest man in der Zeitung die Überschrift: „Täter festgeholl ginn!“, so sieht man, dass Kriminelle auch in Luxemburg „festgeholt“ und nicht „festgenommen“ werden.

Das letzte Beispiel zeigt uns noch ein weiteres wichtiges Merkmal, das wir mit den Luxemburgern teilen, nämlich die Verwendung von „geben“ für „werden“. Der Verbrecher ist nämlich, wörtlich übersetzt, festgeholt „gegeben“ und nicht festgeholt „worden“.

Und wenn in Luxemburg ein baufälliges Haus abgerissen wird, dann heißt es „Dat aalt Haus gëtt ofgerass“, also „gibt“ (und nicht: wird) abgerissen.

In Luxemburg wird das Moselfränkische von Staats wegen hochgehalten – darauf könnte man diesseits der Grenze fast ein bisschen neidisch werden. Aber auch wenn unserem Moselfränkisch in Rheinland-Pfalz der Stempel einer Nationalsprache fehlt, können wir es trotzdem lebendig halten. Der erste Schritt dazu, so scheint mir, ist es anzuerkennen, dass der Dialekt kein falsches Deutsch ist, sondern vielmehr eine vollwertige Variante des Deutschen mit eigenen Regeln. Wir dürfen ruhig ein bisschen stolz auf ihn sein.

Beide, Hochdeutsch und Dialekt, haben ihre Stärken und Schwächen. Abhängig von der Situation und dem Thema sind sie mehr oder weniger gut geeignet. Platt ist nicht per se besser oder schlechter als Hochdeutsch. Genauso wenig wie man sagen kann, dass eine Kombizange besser ist als eine Beißzange – es kommt ganz drauf an, was man damit machen will. Oder haben Sie schon einmal probiert, mit einer Kombizange einen festsitzenden Nagel rauszuziehen? Da ist man mit der Beißzange besser bedient. Schulaufsätze und Geschäftsbriefe schreiben wir lieber auf Hochdeutsch. Aber schwätze, das tun wir mit Verwandten und Nachbarn lieber auf Platt.

Würden wir unseren Dialekt gänzlich aufgegeben, ginge mit ihm ein Stück „Heimat auf der Zunge“ verloren. Erfreuen Sie sich daher weiterhin an den liebenswerten Merkwürdigkeiten des Moselfränkischen, egal wo oder wie gut Sie es sprechen. Ich sage zum Abschied auf Lëtzebuergesch: Äddi!

Paris, am Fest von Maria Himmelfahrt 2014

Yvonne Treis

Danke

Dieses Buch wäre ohne Martin von Hohnhorst nie entstanden, noch nicht einmal angedacht worden. Danke für die Begeisterung, die tollen Einfälle, den schonungslosen Rotstift, das Mutmachen und alles andere. Mein Schwesterlein Daniela war Ideengeberin, Beispielsammlerin und kritische Leserin. Meine Mutter Sigrid sammelte Mundartmaterial von ihren Caritas-Kollegen.

Ich bin dem Cochemer Redaktionsleiter der Rhein-Zeitung, Thomas Brost, sehr dankbar: Er hat es ermöglicht, dass meine Mundartkolumne wöchentlich über ein Jahr lang in der Ausgabe des Kreises Cochem-Zell und des Rhein-Hunsrück-Kreises ihr Plätzchen hatte. Im Anschluss daran erschien die Kolumne in abgewandelter Form im Moselteil des Trierischen Volksfreunds. Dort geht mein ganz herzliches Dankeschön an die Redakteurin Sonja Sünnen (die mit den gut gelaunten E-Mails!). Ohne die Zuschriften und positiven Reaktionen der Leserinnen und Leser wäre meine Serie vielleicht schon nach wenigen Beiträgen abgesetzt worden. Leider kann ich hier nicht alle Personen einzeln mit Namen aufführen – stellvertretend für alle Leserbriefschreiber sei deshalb Erika Wörner aus Dill auf dem Hunsrück (handgeschriebene Briefe!) und Gertrud Gilles aus Müllenbach in der Eifel gedankt.

Die Webseiten der Cochem-Zeller Mundart-Initiative sind ein unerschöpflicher Fundus an Wissen. Stellvertretend geht hier mein Merci an den „Schoomisch“, bürgerlich Gerhard Schommers, für den beispiellosen Einsatz, die Mundart im Gespräch und deren Sprecher auf Trab zu halten.

Die IGS Zell hatte im Schuljahr 2013/14 eine Kunstklasse, die voller Freude die Zeichnungen für die Lektionen dieses Buchs angefertigt hat. Ich bin dem Kunstlehrer Martin Richerzhagen für seine Kreativität und sein Engagement zu großem Dank verpflichtet. Und Danke an Frauke Esser, dass sie mich zu ihm geführt hat.

Merci infiniment an Chloé Bertron aus Straßburg für die fabelhafte künstlerische Gestaltung des Buchs.

Zum Schluss noch ein Dankeschön an alle, denen ich auf der Teusch, bei Familientreffen, an der Tankstelle, an der Fleischtheke, im Kaufhaus des Südens und sonst wo auf den Mund gucken konnte: Super, dass Ihr die vielen Beispiele aus der Alltagssprache unserer Region für dieses Buch geliefert habt, wenn auch unbeabsichtigt. Danke an Christina Mohr fürs Blutabholen.

Zeichnerinnen und Zeichner

Die Zeichnungen in diesem Buch entstanden im Rahmen des Unterrichts im Wahlpflichtfach Kunst, Klassenstufe 9, Schuljahr 2013/2014, an der IGS Zell/Mosel, unter der Leitung von Martin Richerzhagen.

Sabina Bejzak: S. 34, 79, 83, 107, 115, 116

Mathias Franze: S. 40, 49, 66, 93

Monique Meid: S. 26, 70

Mico Al Wassia: S. 21, 51, 61, 103

Victoria Gärtner: S. 12, 19, 42, 46, 97

Melisa Akin: S. 30

Sigmund Kochems: S. 39, 72

Darian Lobancuk: S. 14, 88

Robyn Malestein: S. 29, 56, 74, 111, 121

Martin Schinnen: S. 105

Wenn Ihnen dieses Buch Lust auf noch mehr Moselfränkisch gemacht hat, dann gucken Sie doch mal im weltweiten Mundartcafé vorbei unter

www.einkaffeezummitholen.com